BIBLIOTHEQUE
CHRÉTIENNE ET MORALE,

APPROUVÉE

PAR MONSEIGNEUR L'ÉVÊQUE DE LIMOGES.

4ᵉ SÉRIE.

Tout exemplaire qui ne sera pas revêtu de notre griffe sera réputé contrefait et poursuivi conformément aux lois.

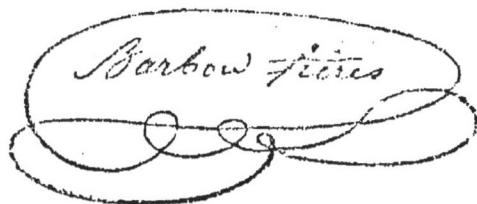

Barbou frères

LES FRANÇAIS

EN FLORIDE.

LES FRANÇAIS
EN FLORIDE.

PAR

F. DE FONTFREYDE.

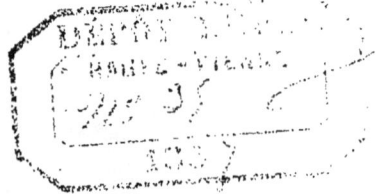

LIMOGES.
BARBOU FRÈRES, IMPRIMEURS-LIBRAIRES.
1857

VÉRAZANI.

Vers l'an 1523, François Ier, voulant exciter l'émulation de ses sujets pour la navigation et le commerce, comme il avait déjà fait avec tant de succès pour les sciences et les beaux arts, donna ordre à Jean Vérazani, qui était à son service, d'aller reconnaître les nouvelles terres situées au nord-ouest de l'Europe, dont on commençait à parler beaucoup en France. Il est à remarquer ici qu'il est bien glorieux à l'Italie, que les trois puissances, qui partagent aujourd'hui presque toute l'Amérique, doivent leurs premières découvertes à des Italiens; les Castillans à un Génois, les Anglais à des Vénitiens, et les Français à un Florentin. Je joindrais à ces hommes illustres un autre Florentin, qui a rendu de grands services aux Castillans et aux Portugais dans le Nouveau-Monde, s'il devait à son mérite, et non à une supercherie indigne d'un honnête homme, la gloire qu'il a eue, de donner son nom à la plus grande des quatre partie du monde connu.

Vérazani fut donc envoyé en 1523, avec quatre vaisseaux, pour découvrir l'Amérique-Septentrionale; mais nos historiens n'ont point parlé de cette première expédition, et on l'ignorerait encore aujourd'hui, si nous n'avions pas une lettre de Vérazani même, que Ramusio nous a conservée dans son grand recueil. Elle est adressée à François Ier, et datée de Dieppe, du 8 juillet de l'année 1524. L'auteur y suppose que Sa Majesté était déjà instruite du succès et des particularités de son voyage; de sorte qu'il se contente de dire qu'il était parti de Dieppe avec quatre vaisseaux, qu'il avait heureusement ramenés dans ce port. Il en sortit au mois de janvier 1524, avec deux bâtiments, la Dauphine et la Normande, pour aller en course contre les Espagnols.

Vers la fin de la même année, ou au commencement de la suivante, il arma de nouveau la Dauphine, sur laquelle il embarqua cinquante hommes, avec des provisions pour huit mois, et se rendit d'abord à l'île de Madère. Il en partit le 17 janvier 1525, avec un petit vent d'est, qui dura jusqu'au 20 février, et lui fit faire, à ce qu'il dit, cinq cents lieues au couchant. Une tempête violente le mit ensuite à deux doigts du naufrage; mais le calme étant revenu, il continua sa route sans aucun accident, et se trouva vis-à-vis d'une terre basse. Il s'en approcha, mais ayant reconnu qu'elle était fort peuplée, il n'osa y débarquer avec si peu de monde. Il tourna au sud, et fit cinquante lieues, sans apercevoir aucun havre où il pût mettre son navire en sûreté, ce qui l'obligea de rebrousser chemin. Il ne fut pas plus heureux du côté du nord, de sorte qu'il fut contraint de mouiller au large, et d'envoyer sa chaloupe pour examiner la côte de plus près.

A l'arrivée de cette chaloupe, le rivage se trouva bordé de Sauvages, en qui l'on voyait tout à la fois des effets de la surprise, de l'admiration, de la joie et de la crainte; mais il n'est pas aisé de juger sur la lettre que Vérazani écrivit au roi de France au retour de son voyage, par quelle hauteur il découvrit d'abord la terre, ni précisément jusqu'où il s'éleva au nord. Il nous apprend seulement que de l'endroit où il aperçut la terre pour la première fois, il la rangea à vue pendant cinquante lieues, allant toujours au midi, ce qu'il n'aurait pu faire, vu le gisement de la côte, si ce premier atterrage avait été plus au nord que les trente-trois degrés. Il dit même, en termes formels,

qu'après avoir navigué quelques temps, il se trouva
par les trente-quatre degrés. De là, ajouta-t-il,
la côte tourne à l'orient; quoiqu'il en soit, ayant
repris sa route au nord, et n'apercevant point de
port, parce qu'apparemment il n'approchait point
assez de terre, pour distinguer les embouchures
des rivières, le besoin où il était de faire de l'eau
l'obligea d'armer sa chaloupe, pour en chercher;
mais les vagues se trouvèrent si grosses, que la
chaloupe ne put jamais aborder.

Cependant les Sauvages invitaient par toutes
sortes de démonstrations les Français à s'approcher; et un jeune matelot, qui savait fort bien
nager, se hasarda enfin à se jeter à l'eau, après
s'être chargé de quelques présents pour ces barbares. Il n'était plus qu'à une portée de mousquet
de terre, et il n'avait plus de l'eau que jusqu'à
la ceinture, lorsque la peur le prit; il jeta aux
Sauvages tout ce qu'il avait, et se remit à la nage,
pour regagner sa chaloupe. Mais dans ce moment
une vague, qui venait du large, le jeta sur la côte
avec tant de furie, qu'il resta étendu sur le rivage
sans connaissance. Vérazani dit qu'ayant perdu
terre, et les forces lui manquant, il courait risque
de se noyer, lorsque des Sauvages coururent à
son secours, et le portèrent à terre.

Il paraît qu'il fut quelque temps entre leurs bras
sans s'en apercevoir. Lorsqu'il eut repris ses sens,

il fut saisi de frayeur, et se mit à crier de toute
sa force. Les Sauvages, pour le rassurer; crièrent
encore plus fort, ce qui produisit un effet tout contraire à celui qu'ils prétendaient. Ils le firent enfin
asseoir au pied d'une colline, et lui tournèrent le
visage vers le soleil ; puis ayant allumé un grand
feu auprès de lui, ils le dépouillèrent tout nu. Il
ne douta plus alors qu'ils n'eussent dessein de le
brûler, et il s'imagina qu'ils allaient le sacrifier
au soleil. On eut la même pensée dans le navire,
d'où l'on voyait tout ce manége, mais où l'on ne
pouvait que plaindre son sort.

Il commença néanmoins à mieux espérer, quand
il vit que l'on faisait sécher ses hardes, et qu'on
ne l'approchait lui-même du feu qu'autant qu'il
était nécessaire pour l'échauffer. Il tremblait à la
vérité de tout son corps, mais c'était assurément
plus de peur que de froid. Les Sauvages, de leur
côté, lui faisaient des caresses, qui ne le rassu-
raient qu'à demi, et ne se lassaient point d'admirer la blancheur de sa peau ; sa barbe, les
étonnait encore davantage. A la fin ils lui rendirent
ses habits, lui donnèrent à manger ; et comme il
marquait une grande impatience d'aller rejoindre
ses compagnons, ils le conduisirent jusqu'au bord
de la mer, le tinrent quelque temps embrassé,
témoignant par-là, d'une manière qui n'avait rien
d'équivoque, le regret qu'ils avaient de le quitter.

Ils s'éloignèrent ensuite un peu pour le laisser en liberté ; et quand ils le virent à la nage, ils montèrent sur une éminence, d'où ils ne cessèrent point de le regarder qu'il ne fût rentré dans le navire.

Le reste du détail de ce voyage n'a rien de fort intéressant, et n'est pas même trop intelligible. Nous connaissons beaucoup mieux les pays que Vérazani parcourut qu'il ne les connaissait lui-même lorsqu'il rendit compte au roi son maître de cette seconde expédition, et les endroits où il débarqua ne portent plus aujourd'hui les noms qu'il leur avait donnés. Il finit le mémoire qu'il présenta à François Ier, en disant qu'il s'était avancé jusque fort près d'une île que les Bretons avaient découverte, et qui est située par les cinquante degrés du pôle. S'il ne s'est point trompé, il est hors de doute que l'île dont il parle est celle de Terre-Neuve, où les Bretons faisaient la pêche depuis long-temps.

Peu de temps après son arrivée en France, il fit un nouvel armement, à dessein d'établir une colonie dans l'Amérique. Tout ce qu'on sait de cette entreprise, c'est que s'étant embarqué, il n'a point paru depuis, et qu'on n'a jamais bien su ce qu'il était devenu : car je ne trouve aucun fondement à ce que quelques-uns ont publié, qu'ayant pied à terre dans un endroit où il voulait bâtir un

fort, les sauvages se jetèrent sur lui, le massa-
crèrent avec tous ses gens, et le mangèrent. Ce
qu'il y a de plus certain, c'est que le malheureux
fort de Vérazani fut cause que, pendant plusieurs
années, ni le roi ni la nation ne songèrent plus à
l'Amérique.

JACQUES CARTIER.

Dix ans après , Philippe Chabot, amiral de France, engagea le roi à reprendre le dessein d'établir une colonie française dans le Nouveau-Monde, d'où les Espagnols tiraient tous les jours de si grandes richesses; il lui présenta un capitaine maloin , nommé Jacques Cartier , dont il connaissait le mérite , et que ce prince agréa. Cartier ayant reçu ses instructions, partit de Saint-Malo , le 20 avril 1534 , avec deux bâtiments de soixante tonneaux, et cent vingt-deux hommes d'équipage. Il prit sa route à l'ouest, tirant un peu sur le nord, et il eut les vents si favorables , que, le 10 mai, il aborda au cap de Bonne-Viste, en l'île de Terre-Neuve. Ce cap est situé par les quarante-six degrés de latitude ; Cartier y trouva la terre encore couverte de neiges , et le rivage bordé de glaces , de sorte qu'il ne put ou qu'il n'osa s'y arrêter. Il descendit six degrés au sud-sud-est , et entra dans un port, auquel il donna le nom de Sainte-Catherine.

De là , il remonta au nord, et gagna les îles , qu'il appelle, dans ses mémoires, les îles aux Oiseaux. Elles sont, dit-il, éloignées de Terre-Neuve de quatorze lieues, et il fut bien surpris d'y voir un ours blanc de la grosseur d'une vache, qui avait fait le trajet à la nage. Dès que cet animal eut aperçu les chaloupes qui allaient à terre, il se jeta à la mer, et, le lendemain, Cartier l'ayant rencontré assez près de Terre-Neuve , le tua et le prit. Il côtoya ensuite toute la partie du nord de cette grande île , et il dit qu'on ne voit point ailleurs ni de meilleurs ports ni de plus mauvais pays ; que ce ne sont partout que des rochers affreux , que des terres stériles , couvertes d'un peu de mousse ; point d'arbres , mais seulement quelques buissons à moitié desséchés ; qu'il y trouva néanmoins des hommes bien faits , qui avaient les cheveux liés au-dessus de la tête , comme un paquet de foin (c'est son expression) , avec quelques plumes d'oiseaux, entrelassées sans ordre, ce qui faisait un effet bizarre.

Après avoir fait presque tout le tour de Terre-

Neuve , sans pouvoir néanmoins encore s'assurer que ce fût une île , il prit sa route au sud , traversa le golfe, s'approcha du continent, et entra dans une baie fort profonde , où il souffrit beaucoup de la chaleur , ce qui la lui fit nommer la Baie des Chaleurs. Il fut charmé de la beauté du pays , et fort content des sauvages qu'il y rencontra, et avec lesquels il échangea quelques marchandises pour des pelleteries. Cette baie est la même que l'on trouve marquée dans quelques cartes sous le nom de baie des Espagnols , et une ancienne tradition porte que les Castillans y étaient entrés avant Cartier , et que n'y ayant aperçu aucune apparence de mines, ils avaient prononcé plusieurs fois ces deux mots *Aca nada* , ici rien, que les sauvages avaient répétés depuis ce temps-là aux Français, ce qui avait fait croire à ceux-ci que Canada était le nom du pays. Nous avons déjà vu que Vincent le Blanc a parlé d'un voyage des Espagnols en ces quartiers-là ; le reste est fort incertain. Quoiqu'il en soit, la baie des Chaleurs est un assez bon hâvre , et depuis la mi-mai, jusqu'à la fin de juillet , on y pêche une quantité prodigieuse de loups-marins.

Au sortir de cette baie , Cartier visita une bonne partie des côtes qui environnent le golfe , et prit possession du pays au nom du roi très-chrétien , comme avait fait Verazani dans tous les endroits où il avait débarqué. Il remit à la voile le 15 d'août, pour retourner en France, et il arriva heureusement à Saint-Malo le cinquième de septembre, plein d'espérance que les peuples avec qui il avait traité s'apprivoiseraient sans peine, qu'on pourrait aisément les gagner à Jésus-Christ, et par ce moyen établir un commerce avantageux avec un grand nombre de nations diverses.

Sur le rapport qu'il fit de son voyage, la cour jugea qu'il serait utile à la France d'avoir un établissement dans cette partie de l'Amérique ; mais personne ne prit plus à cœur cette affaire que le vice-amiral Charles de Moui, sieur de la Mailleraie. Ce seigneur obtint pour Cartier une nouvelle commission plus ample que la première, et lui fit donner trois navires et de bons équipages. Cet armement fut prêt vers la mi-mai, et Cartier, qui avait beaucoup de religion, fit avertir tout son monde de se trouver le seize, jour de la Pentecôte, dans l'église cathédrale, pour y faire ses dévotions. Personne n'y manqua, et, au sortir de l'autel, le capitaine, suivi de toute sa troupe, entra dans le chœur, où l'Évêque les attendait, revêtu de ses habits pontificaux, et leur donna sa bénédiction.

Le mercredi, dix-neuf, ils s'embarquèrent. Cartier montait un navire de six vingt tonneaux, nommé la Grande-Hermine, et avait avec lui plusieurs jeunes gentilshommes, qui voulurent le suivre en qualité de volontaires. Ils mirent à la voile par un très-beau temps, mais dès le lendemain le vent devint contraire, et le ciel se couvrit, et pendant plus d'un mois toute l'habileté des pilotes fut presque toujours à bout. Les trois navires, qui s'étaient d'abord perdus de vue, essuyèrent chacun de leur côté les plus violentes tempêtes, et, ne pouvant plus gouverner, se virent enfin forcés de s'abandonner au gré des vents et de la mer.

La Grande-Hermine fut portée au nord de Terre-Neuve, et, le 19 juillet, Cartier fit voiles pour le golfe, où il avait marqué le rendez-vous, en cas de séparation. Il y arriva le 25, et, le jour suivant, ses deux autres bâtiments le rejoignirent. Le 1er d'août, un gros temps le contraignit de se réfugier dans le port de Saint-Nicolas, situé à l'entrée du Fleuve du côté du nord. Cartier y planta une croix, où il mit les armes de France, et il y demeura jusqu'au sept.

Ce port est presque le seul endroit du Canada qui ait conservé le nom que Cartier lui donna ; la plupart des autres en ont changé depuis, ce qui a répandu beaucoup d'obscurité dans les mémoires de ce navigateur. Le port de Saint-Nicolas est par les quarante-neuf degrés vingt-

cinq minutes de latitude nord : il est assez sûr, et
on y mouille par quatre brasses d'eau ; mais
l'entrée en est difficile , parce qu'elle est embar-
rassée de récifs.

Le 10 , les trois vaisseaux rentrèrent dans le
golfe, et, en l'honneur du Saint dont on célèbre
la fête en ce jour , Cartier donna au golfe le nom
de Saint-Laurent, ou plutôt il le donna à une
baie qui est entre l'île d'Anticosty et la côte
septentrionale, d'où ce nom s'est étendu à tout le
golfe dont cette baie fait partie; et parce que
le fleuve, qu'on appelait auparavant la rivière de
Canada, se décharge dans ce même golfe, il a
insensiblement pris le nom de fleuve de Saint-
Laurent, qu'il porte aujourd'hui.

Le 15, Cartier s'approcha de l'île d'Anticosty ,
pour la mieux reconnaître , et, à cause de la célé-
brité du jour, il la nomma l'île de l'Assomption.
Mais le nom d'Anticosty a prévalu dans l'usage
ordinaire. Ensuite les trois navires remontèrent le
fleuve, et, le 1er de septembre, ils entrèrent dans
le Saguenay. Cartier ne fit que reconnaître l'embouchure de cette rivière , et après avoir encore
rangé la côte pendant quinze lieues , il mouilla
auprès d'une île , qu'il nomma l'île aux Coudres,
parce qu'il y trouva beaucoup de coudriers.
Ainsi ceux-là se sont trompés qui ont cru que cette
île avait été formée par un grand tremblement de

terre dont je parlerai en son lieu , et qui , à la vérité, l'augmenta considérablement.

Cartier, se voyant alors engagé bien avant dans un pays inconnu , se hâta de chercher un port où ses navires pussent être en sûreté pendant l'hiver. Huit lieues plus loin que l'île aux Coudres , il en trouva une beaucoup plus belle et plus grande, toute couverte de bois et de vignes : il l'appela l'île de Bacchus ; mais ce nom a été changé en celui d'Orléans. L'auteur de la relation de ce voyage , imprimée sous le nom de Cartier , prétend que le pays ne commence qu'à cet endroit à s'appeler Canada, mais il se trompe assurément ; car il est certain que dès les premiers temps les sauvages donnaient ce nom à tout le pays qui est le long du fleuve des deux côtés , particulièrement depuis son embouchure jusqu'au Saguenay.

De l'île de Bacchus , Cartier se rendit dans une petite rivière qui est éloignée de dix lieues , et vient du nord ; il la nomma la rivière de Sainte-Croix , parce qu'il y entra le 14 septembre : on l'appelle aujourd'hui communément la rivière de Jacques Cartier. Le lendemain de son arrivée, il y reçut la visite d'un chef sauvage nommé Donnacona , que l'auteur de la relation de ce voyage qualifie seigneur du Canada. Cartier traita avec ce capitaine par le moyen de deux sauvages qu'il avait menés en France l'année précédente, et qui savaient un peu de français. Ils avertirent Donnacona que les étrangers voulaient aller à Hochelaga, ce qui parut l'inquiéter.

Hochelaga était une assez grosse bourgade, situé dans l'île, qui est aujourd'hui connue sous le nom de Montréal. On en avait beaucoup parlé à Cartier, et il ne voulait pas retourner en France sans la voir. Ce qui faisait de la peine à Donnacona.par rapport à ce voyage, c'est que les habitants d'Hochelaga étaient d'une autre nation que la sienne, et qu'il voulait profiter seul des avantages qu'il se promettait de tirer du séjour des Français dans son pays. Il fit donc représenter à Cartier que le chemin qui lui restait à faire pour gagner cette bourgade était plus long qu'il ne pensait, et qu'il y rencontrerait de grandes difficultés ; mais Cartier, qui pénétra sans doute le motif qui le faisait parler, ne changea point de résolution. Il partit de Sainte-Croix, le 19, avec la Grande-Hermine seule et deux chaloupes, laissant les deux autres navires dans la rivière de Sainte-Croix, où la Grande-Hermine n'avait pu entrer.

Le 29, il fut arrêté au lac Saint-Pierre, que son navire ne put passer, parce qu'apparemment il n'avait pas bien enfilé le canal. Le parti qu'il prit fut d'armer les deux chaloupes, et de s'y embarquer. Il arriva enfin à Hochelaga le 2 d'octobre, accompagné de MM. de Pontbriand, de la Pommeraie et de Coyelle, trois de ses volontaires. La figure de cette bourgade était ronde, et trois enceintes de palissades y renfermaient environ cinquante cabannes, longues de plus de cinquante pas chacune, larges de quatorze ou quinze, et faites en forme de tonnelles. On y entrait par une seule porte, au-dessus de laquelle, aussi bien que le long de la première enceinte, il régnait une espèce de galerie, où l'on montait avec des échelles, et qui était abondamment pourvue de pierres et de cailloux, pour la défense de la place.

Les habitants de cette bourgade parlaient la langue huronne. Ils reçurent très-bien les Français, ils leur donnèrent des fêtes à leur manière, et on se fit réciproquement des présens. L'étonnement de ces sauvages fut extrême à la vue des Européens; leurs armes à feu, leurs trompettes, et leurs autres instruments de guerre, leurs longues barbes, leur habillement furent long-temps le sujet de l'admiration et des entretiens de ces barbares, qui ne se lassaient point de questionner leurs hôtes; mais comme de part et d'autre on ne pouvait se parler que par signes, les nôtres ne donnèrent et ne reçurent que bien peu de

lumières sur ce qu'on se demandait mutuelle-
ment.

Un jour Cartier fut fort surpris de voir venir
à lui le chef de la bourgade, qui, lui montrant
ses jambes et ses bras, lui fit entendre qu'il y
souffrait quelque incommodité, et qu'il lui ferait
plaisir de le guérir. L'action de cet homme fut
aussitôt imitée de tous ceux qui étaient présents,
et peu de temps après d'un plus grand nombre
encore, qui accoururent de toutes parts, et parmi
lesquels il y en avait qui paraissaient véritablement fort malades, et quelques-uns d'une extrême
vieillesse. La simplicité toucha le capitaine, qui
s'armant d'une foi vive, récita le plus dévotement
qu'il put le commencement de l'Evangile de saint
Jean. Il fit ensuite le signe de la croix sur les
malades, leur distribua des chapelets et des *Agnus
Dei;* et leur fit entendre que ces choses avaient
une grande vertu pour guérir toutes sortes d'infir-
mités. Cela fait, il se mit en prières, et conjura
instamment le Seigneur de ne pas laisser plus
long-temps ces pauvres idolâtres dans les ténèbres
de l'infidélité; puis il récita à haute voix toute la
Passion de Jésus-Christ. Cette lecture fut écoutée
avec beaucoup d'attention et de respect de toute
l'assistance, et cette pieuse cérémonie fut terminée
par une fanfare de trompettes, qui mit ces sauvages hors d'eux-mêmes de joie et d'admiration.

Le même jour, Cartier visita la montagne, au pied de laquelle était la bourgade, et lui donna le nom de Mont-Royal, qui est devenu celui de toute l'île. Il découvrit, de là, une grande étendue de pays, dont la vue le charma, et avec raison, car il en est peu au monde de plus beau et de meilleur. Il comprit que difficilement il aurait pu trouver un lieu plus propre à faire un établissement solide, et, l'esprit rempli de cette idée, il partit d'Hochelaga, le 5 octobre, et arriva, le 11, à Sainte-Croix.

Ses gens s'étaient fait autour de leurs barraques une espèce de retranchement, capables de les garantir au moins d'une surprise : précaution souvent nécessaire avec les sauvages, et dont on ne doit jamais se départir, lors même qu'on n'a pas eu occasion d'en reconnaître la nécessité. Il y aurait même eu ici de l'imprudence à ne pas prendre ces mesures, parce qu'il s'agissait de passer l'hiver dans le voisinage d'une bourgade fort peuplée, et où commandait un chef dont on avait eu plus d'une fois raison de se défier. Je trouve dans quelques mémoires, et c'est une tradition constante en Canada, qu'un des trois navires fut brisé contre un rocher qui est dans le fleuve Saint-Laurent, vis-à-vis la rivière de Sainte-Croix, et que la marée couvre entièrement lorsqu'elle est haute; mais la relation d'où j'ai tiré ce récit ne dit rien de cet accident.

Un plus grand malheur fit bientôt oublier celui-ci, et cela d'autant plus aisément, que ce bâtiment perdu, il aurait fallu l'abandonner, faute de matelots pour le reconduire en France. Ce fut une espèce de scorbut, dont personne ne fut exempt, et qui aurait peut-être fait périr jusqu'au dernier des Français, s'ils n'y eussent, quoiqu'un peu tard, trouvé un remède qui opéra sur-le-champ. C'était une tisane faite avec la feuille et l'écorce de l'épinette blanche pilées ensemble. Cartier était lui-même attaqué du mal, quand les sauvages lui enseignèrent ce secret; il avait déjà perdu vingt-cinq hommes, et à peine lui en restait-il deux ou trois en état d'agir. Mais huit jours après qu'il eut commencé de faire usage de ce remède, tout le monde était sur pied. Quelques-uns même, dit-on, qui avaient eu le mal de Naples, et qui n'en étaient pas bien guéris, recouvrèrent en peu de temps une parfaite santé. C'est ce même arbre qui produit la térébenthine, ou le baume blanc du Canada.

Cartier, dans le Mémoire qu'il présenta à François Ier, sur son second voyage, n'attribue point à la fréquentation avec les sauvages, comme plusieurs des siens avaient fait d'abord, le mal qui avait été sur le point de le faire périr avec tout son monde ; mais à la fainéantise de ses gens, et à la misère où elle les avait réduits. En effet, les sauvages du Canada n'ont jamais été sujets au scorbut. Aussi ce capitaine, malgré ses pertes et la rigueur du froid dont il avait eu d'autant plus à souffrir qu'il avait moins songé à se précautionner contre un inconvénient qu'il ne prévoyait pas, ne craignit point d'assurer à Sa Majesté qu'on pouvait tirer de grands avantages des pays qu'il venait de parcourir.

Il lui dit que la plupart des terres y étaient très-fertiles, que le climat y était sain, les habitants sociables, et fort aisés à tenir en respect ; il lui parla surtout des pelleteries, comme d'un objet considérable. Mais sur quoi il insista davantage, c'est qu'il était bien digne d'un grand prince comme lui, qui portait la qualité de roi très-chrétien et de fils aîné de l'Eglise, de procurer la connaissance de Jésus-Christ à tant de nations infidèles, qui ne paraissaient pas difficiles à convertir au Christianisme.

Quelques auteurs ont prétendu néanmoins que Cartier, dégoûté du Canada, dissuada le roi son maître d'y penser davantage, et Champlain semble avoir été de ce sentiment. Mais cela ne s'accorde nullement avec la manière dont Cartier lui-même s'exprime dans ses Mémoires, ni avec ce qu'on lit dans les autres relations de ses voyages. On ajoute qu'en partant de Sainte-Croix pour retourner en France, ce qu'il fit dès que la navigation du fleuve fut libre, il avait embarqué par surprise Donnacona, qu'il le présenta au roi, et qu'il lui fit répéter devant ce prince tout ce qu'il avait dit lui-même de la bonté du pays; mais ce fait n'est point certain.

Si les Mémoires de Cartier ont long-temps servi de guide à ceux qui ont navigué après lui dans le golfe et sur le fleuve de Saint-Laurent, il est certain qu'aujourd'hui ils ne sont presque pas intelligibles, parce qu'outre que la plupart des noms qu'il avait donnés aux îles, rivières, caps, etc., ont été changés depuis, on ne trouve dans aucune des langues du Canada les termes qu'il en cite, soit qu'il les ait lui-même estropiés, pour les avoir mal entendus, ou parce qu'ils ont vieilli avec le temps, comme il arrive à toutes les langues vivantes; beaucoup moins cependant, à ce qu'on m'a assuré sur les lieux, parmi les sauvages que parmi nous. Dans la vérité, la plupart des noms que les voyageurs nous donnent comme des noms propres, quand ils ne sont pas tout-à-fait de leur invention, n'ont pour l'ordinaire d'autre fondement que des mots mal compris, ou entendus dans un sens tout différent de celui qui leur est propre.

Cependant Cartier eut beau vanter le pays qu'il avait découvert, le peu qu'il en rapporta et le

triste état où ses gens y avaient été réduits par le
froid et par le scorbut, persuadèrent à la plupart
qu'il ne serait jamais d'aucune utilité à la France.
On insista principalement sur ce qu'il n'y avait vu
aucune apparence de mines, et alors, plus encore
qu'aujourd'hui, une terre étrangère, qui ne pro-
duisait ni or ni argent, n'était comptée pour rien.
Peut-être aussi Cartier décria-t-il sa relation par
les contes dont il s'avisa de l'embellir; mais le
moyen de revenir d'un pays inconnu et de n'en
rien raconter d'extraordinaire ! Ce n'est pas, dit-
on, la peine d'aller si loin, pour n'y voir que ce
l'on voit partout.

Véritablement la condition d'un voyageur est
bien triste, quand il n'a point rapporté de quoi se
dédommager par quelqu'avantage solide de ses
fatigues et des risques qu'il a courus. S'il s'avise
de faire une relation de son voyage, il trouve tous
ses lecteurs en garde contre lui ; pour peu qu'il
dise des choses extraordinaires, il ne trouve aucune
croyance. D'autre part, si une relation est entièrement dénuée de merveilleux, on ne la lit point ;
c'est-à-dire qu'on exige d'un voyageur qu'il nous
amuse, même aux dépens de sa réputation ; on
veut le lire avec plaisir, et avoir le droit de se
moquer de lui.

Je ne sais si Jacques Cartier fit toutes ces réflexions en écrivant ses Mémoires, mais il y a mis

du merveilleux, et de plus d'une sorte ; tout n'en est pourtant pas tellement fabuleux, qu'on n'y entrevoie quelque chose de réel, que son ignorance ou son peu d'attention ont défiguré ; et ce qu'il rapporte sur le témoignage d'autrui n'est pas toujours sans quelque fondement. C'est ce qui m'a fait juger qu'on me pardonnerait de m'y être un peu arrêté, pour avoir lieu d'examiner quelques points d'histoire qui ne sont pas tout-à-fait indignes de l'attention des personnes curieuses.

Notre auteur nous assure donc qu'étant un jour à la chasse, il poursuivit une bête fauve à deux pieds et qui courait avec une vitesse extrême. Il aura vu sans doute à travers les broussailles un sauvage couvert d'une peau dont le poil était en dehors, et peut-être l'aura-t-il entendu contrefaisant le cri de quelque animal, pour l'attirer dans ses piéges, selon l'usage ordinaire de ces peuples. Le sauvage, de son côté, qui pouvait bien n'avoir jamais vu d'Européen, apercevant un homme extraordinaire, aura pris la fuite : Cartier, qui ignorait que ces barbares ne le cèdent point en vitesse aux daims mêmes et aux cerfs, fort étonné de voir sa prétendue bête fauve courir aussi vite sur ses deux pieds que s'il en avait eu quatre, se sera persuadé que c'était un animal d'une espèce particulière. Et c'est peut-être de la même source que vient tout ce qu'on a débité des faunes et des satyres. Mais voici quelque chose de plus admirable.

Donnacona, si nous en croyons la relation du capitaine maloin, lui raconta que dans un voyage qu'il avait fait dans un pays fort éloigné du sien, il avait vu des hommes qui buvaient, mais ne mangeaient point; que dans une autre région il y en a qui n'ont qu'une jambe, une cuisse et un pied fort grand, deux mains au même bras, la taille extrêmement carrée, la poitrine et la tête plates, et une très-petite bouche; que plus loin encore il avait vu des pygmées, et une mer dont l'eau est douce; enfin qu'en remontant le Saguenay, on arrive dans un pays où il y a des hommes habillés comme nous, lesquels demeurent dans des villes, et ont beaucoup d'or, de rubis et de cuivre.

Il est certain que nos missionnaires ont voyagé avec des sauvages aussi loin qu'il est possible en remontant le Saguenay, et la plupart des rivières qui s'y déchargent; qu'ils n'y ont vu que des pays affreux et impraticables pour tout autre que des sauvages errants, dont plusieurs même y périssent de faim et de misère; mais il est bon d'observer qu'un sauvage, pour qui sept ou huit cents lieues de marche ne sont pas une grande affaire, peut bien, en prenant sa route par le Saguenay, tourner ensuite à l'ouest, pénétrer jusqu'au lac

des Assiniboils, qui a, dit-on, six cents lieues de
circuit, et de là passer au Nouveau-Mexique, où
les Espagnols commençaient en ce temps-là à s'é-
tablir.

Il est d'ailleurs assez singulier que le conte des
hommes qui n'ont qu'une jambe ait été renou-
velé par une jeune esclave de la nation des Esquimaux, qui fut prise en 1747, et menée chez
M. de Courtemanche, à la côte de Labrador, où
elle était encore en 1720. Cette fille, voyant un
jour des pêcheurs sur le bord de la mer, demanda
s'il n'y avait parmi nous que des hommes faits
comme ceux-là? On fut surpris de sa demande,
mais on le fut encore bien davantage, quand elle
eut ajouté que parmi ses compatriotes il y avait
une sorte d'hommes qui n'ont qu'une jambe, une
cuisse, et un pied fort grand, deux mains au
même bras, le corps large, la tête plate, de petits yeux, presque point de nez, et une très-petite
bouche; qu'ils étaient toujours de mauvaise hu-
meur; qu'ils pouvaient rester sous l'eau trois
quarts d'heure de suite, et que les Esquimaux
s'en servaient pour pêcher les débris des navires
qui faisaient naufrage à la côte.

Enfin elle assura qu'à l'extrémité septentrionale
de Labrador, il y avait un peuple tout noir, qui
avait de grosses lèvres, un nez large, des cheveux
droits et blancs; que cette nation était très-mau-

vaise, et quoiqu'elle fût mal armée, n'ayant que des couteaux et des haches de pierre, sans aucun usage du fer, elle s'était rendue redoutable aux Esquimaux; et qu'elle se sert de raquettes pour courir sur la neige, ce qui n'est point en usage parmi ceux-ci. Il faut avouer que ce serait une chose asez étrange que des hommes noirs si près du pôle, et sous un climat où les ours mêmes sont blancs : cependant la jeune esclave de M. de Courtemanche n'est pas la seule qui ait avancé ce fait.

L'auteur de la relation du Groënland, insérée dans les voyages au nord, après avoir parlé des naturels du pays, qu'il représente comme assez semblables aux Esquimaux, grands et maigres comme eux, vêtus de la même façon, ayant des canots comme les leurs, ajoute qu'on voit aussi parmi eux des hommes noirs comme les Ethiopiens. Après tout, il n'y a rien là d'impossible, des nègres peuvent avoir été transportés, par hasard ou autrement, dans le Groënland, s'y être multipliés, et leurs cheveux blancs être un effet du froid, qui en produit de semblables sur la plupart des animaux du Canada.

L'esclave parla encore des pygmées, qui font, dit-elle, une nation particulière; ils n'ont pas plus de trois pieds de haut, et sont d'une extrême grosseur. Leurs femmes, ajouta-t-elle, sont encore plus petites, et il n'est point au monde de peuple plus malheureux : les Esquimaux, dont ils sont esclaves, les traitent fort durement, et prétendent leur faire une grâce fort signalée quand ils leur donnent un peu d'eau douce à boire. La relation que j'ai déjà citée dit la même chose, et assure qu'en bien des endroits de ce pays-là on n'a point d'autre eau douce que de la neige fondue : en quoi il n'y a rien que de fort croyable, le froid pouvant resserrer de telle sorte les veines de la terre, qu'il n'y ait point de passage pour les sources qu'à une certaine profondeur.

Cette conjecture se confirme par ce que des voyageurs ont éprouvé dans le nord, où ils ont vu, sur le rivage même de la mer, des glaçons d'une eau très-douce. On lit aussi dans quelques mémoires que les Esquimaux sont habitués à boire de l'eau salée, et que souvent ils n'en ont point d'autre. Cette eau n'est pourtant pas celle de la mer, mais de quelques étangs saumâtres, tels qu'il s'en rencontre quelquefois assez avant dans les terres.

Nous apprenons encore par les voyages au nord, que des vaisseaux danois, qui en 1605 s'élevèrent fort haut au-dessus de la baie d'Hudson, y rencontrèrent de petits hommes qui avaient la tête carrée, la couleur basanée, les lèvres grosses et relevées, qui mangeaient la chair et le poisson tout crus, qui ne purent jamais s'accoutumer ni au pain ni aux viandes cuites, encore moins au vin ; qui avalaient l'huile de baleine comme nous ferions l'eau, et en mangeaient la chair par délices ; qui se faisaient des chemises des intestins de poissons, et des surtouts de cuirs de chiens ou de veaux marins. L'auteur ajoute qu'on amena plusieurs de ces pygmées en Danemarck, qu'ils moururent tous de chagrin d'avoir quitté leur pays, mais qu'il en restait encore cinq lorsqu'un ambassadeur d'Espagne étant arrivé à Copenhague, on lui donna le divertissement de voir ces petits hommes naviguer sur la mer avec leurs bateaux.

Ces bateaux avaient la figure d'une navette de tisserand, et dix ou douze pieds de longueur. Ils étaient fabriqués de barbes de baleines, de l'épaisseur d'un doigt, couvert par dessus et par dessous de peaux de chiens ou de veaux marins, cousues avec des nerfs ; deux autres peaux couvraient le dessus du bateau, de manière qu'il n'y restait qu'une ouverture au milieu, par laquelle le batelier entrait, et qu'il refermait comme une bourse autour de ses reins ; qu'étant assis, et ainsi resserrés par le milieu du corps, ils ne recevaient pas une goutte d'eau dans leur bateau, quoique les vagues leur passassent par dessus la tête, et qu'ils en fussent environnés de toutes parts. La force de ces machines consiste dans les deux bouts, où les baleines sont bien liées ensemble par les extrémités ; et le tout est si bien joint , si bien cousu , que ces petites voitures peuvent résister aux plus violents orages, et qu'au milieu même du naufrage leurs conducteurs se rient de la tempête.

Il n'y a jamais qu'un homme dans chacun de ces bateaux, et il y est assis, les jambes étendues, les poignets des manches bien serrés, et la tête enveloppée d'une espèce de capuce, qui tient au surtout, de sorte que quoiqu'il arrive, l'eau n'y pénètre point. Ils tiennent des deux mains un aviron à deux palettes, long de cinq à six pieds , qui leur sert en même temps de rame , de gouvernail et de balancier , ou de contre-poids. Les pygmées de Copenhague divertirent beaucoup l'ambassadeur espagnol; ils se croisaient, et faisaient toutes leurs autres évolutions avec tant d'adresse, qu'ils demeuraient toujours à la même distance les uns des autres, et ils passaient si rapidement, que les yeux en étaient éblouis. Ils joûtèrent ensuite contre une chaloupe légère, où l'on avait mis seize bons rameurs, et en moins de rien ils la laissèrent bien loin derrière eux. Les Esquimaux, qui se servent des mêmes bateaux, ont encore d'autres bâtiments , plus grands , et à peu près de la même forme que nos chaloupes pontées; le gabari en est de bois , mais ils sont

couverts des mêmes peaux que les autres ; ils
portent jusqu'à cent cinquante personnes, et vont
également à la voile et à la rame.

Mais pour mettre fin à cette digression, qui
n'est pourtant pas étrangère à mon sujet, ces
pygmées du nord de l'Amérique me paraissent
être de la même race que les Lapons et les Sa-
moïèdes. Pour ce qui est des hommes monstrueux,
dont l'esclave de M. de Courtemanche et Donna-
conna ont parlé, et de l'acéphale, qu'on prétend
qu'un Iroquois tua il y a quelques années, étant
à la chasse, il est naturel de croire qu'il y a en
cela de l'exagération, mais il est plus aisé de nier
les faits extraordinaires que de les expliquer ;
d'ailleurs est-il permis de rejeter tout ce dont on
ne saurait rendre raison? Qui peut s'assurer de
connaître tous les caprices et tous les mystères
de la nature? On sait combien l'imagination des
mères a de pouvoir sur le fruit qu'elles portent.
L'expérience, le témoignage même de l'Ecriture,
en sont des preuves sans réplique : ajoutons à
cela les figures bizarres, où certaines nations
trouvent une beauté dont elles sont si jalouses,
qu'on y met les corps des enfants à la torture pour
achever ce que l'imagination des mères n'a pu fi-
nir, et l'on comprendra sans peine qu'il peut y
avoir des hommes assez différents des autres pour
donner lieu à certaines gens, qui saisissent vive-

mènt les objets, et ne se donnent pas le temps d'examiner les choses, de faire des contes absurdes', qui ne sont pourtant pas sans quelque réalité. Je reviens à mon histoire.

III

ROBERVAL.

J'ai dit que Cartier avait, par son rapport, pré·
venu, sans le vouloir, bien des gens contre le Canada. Mais quelques personnes de la cour pen-
saient autrement que le commun, et furent d'a-
vis qu'on ne se rebutât point si tôt d'une entreprise dont le succès ne devait pas dépendre d'une
ou deux tentatives. Celui qui parut entrer davantage dans cette pensée fut un gentilhomme de
Picardie, nommé François de la Roque, seigneur
de Roberval, fort accrédité dans sa province, et
que François Ier appelait quelquefois le *petit roi
du Vimeu*. Il demanda pour lui-même la commission de poursuivre les découvertes, et il l'obtint ;
mais une simple commission était trop peu de

chose pour une personne de cette considération,
et le roi, par ses lettres patentes, qui sont insérées
dans l'état ordinaire des guerres en la chambre
des comptes de Paris, datées du 15 janvier 1540,
le déclare seigneur de Norimbègue, son vice-roi
et lieutenant-général en Canada, Hochelaga, Saguenay, Terre-Neuve, Belle-Ile, Carpon, Labrador, la Grande-Baie et Baccalaos, et lui donne
dans tous ces lieux les mêmes pouvoirs et la même autorité qu'il y avait lui-même.

Ce n'était pas beaucoup dire, car tout était encore à faire pour assurer à la France la possession de tous ces lieux. M. de Roberval partit l'année suivante avec cinq vaisseaux, ayant sous lui
Jacques Cartier en qualité de premier pilote.
Quelques auteurs ont avancé que Cartier avait eu
bien de la peine à se déterminer à ce nouveau
voyage, mais qu'on lui fit des offres si avantageu-
ses, qu'elles le tentèrent. La navigation fut heureuse. M. de Roberval bâtit un fort, les uns disent sur le fleuve Saint-Laurent, d'autres dans
l'île de Cap-Breton, et y laissa Cartier en qualité
de commandant, avec une garnison nombreuse,
des provisions suffisantes et un de ses vaisseaux ;
après quoi il retourna en France, pour y chercher
de plus grands secours.

Il y a bien de l'apparence qu'il avait mal choisi
son poste, et peut-être aussi que le choix de ceux

3.

qu'il y avait laissés ne fut pas fait avec assez de discernement ; ce qui est certain , c'est que le froid et les autres incommodités du pays rebutèrent bientôt la garnison du nouveau fort ; les sauvages, de leur côté, prirent ombrage de ces étrangers , et commencèrent à les molester , et tout cela joint ensemble , outre que M. de Roberval tarda peut-être un peu trop à revenir , obligea Cartier à s'embarquer avec tout son monde pour retourner en France ; mais ils rencontrèrent près de Terre-Neuve le vice-roi, qui leur amenait un grand convoi, et qui , partie par ses bonnes manières, partie en les menaçant de l'indignation du roi , les obligea de le suivre.

Dès qu'il eut rétabli toutes choses dans son fort, il y laissa encore Jacques Cartier, avec la meilleure partie de ses gens ; puis il remonta le fleuve Saint-Laurent, entra même dans le Saguenay, et envoya un de ses pilotes , nommé Alphonse, né en Portugal , selon les uns , et en Galice, selon les autres, chercher au-dessus de Terre-Neuve un chemin aux Indes-Orientales. Alphonse s'éleva jusqu'aux cinquante-deux degrés de latitude, et n'alla pas plus loin. On ne dit point combien de temps il employa dans ce voyage, mais il y a bien de l'apparence qu'il ne retrouva plus M. de Roberval en Canada , puisque ce fut à Jacques Cartier qu'il rendit compte de ses découvertes.

Il paraît que M. de Roberval fit encore quelques autres voyages en Canada; mais de bons mémoires assurent que la guerre déclarée entre François Ier et l'empereur Charles-Quint l'arrêta pendant quelques années en France, et qu'il se distingua même dans cette guerre; comme il avait déjà fait en plusieurs autres occasions. Tous conviennent au moins qu'il fit un nouvel embarquement en 1549 avec son frère, qui passait pour un des plus braves hommes de France, et que François Ier avait surnommé le *gendarme d'Annibal.* Ils périrent dans ce voyage, avec tous ceux qui les accompagnaient, et on n'a jamais bien su par quel accident ce malheur était arrivé. Avec eux tombèrent toutes les espérances qu'on avait conçues de faire un établissement en Amérique, personne n'osant se flatter d'être plus habile ou plus heureux que ces deux braves hommes.

Au reste, je ne vois pas à qui l'on puisse attribuer une relation sans date et sans nom d'auteur, qui se trouve dans le troisième volume du recueil de Ramusio, et qui porte ce titre : *Discours d'un grand capitaine de mer, Français, de Dieppe, sur les navigations faites à la Terre-Neuve des Indes occidentales, appelée la Nouvelle-France, depuis les quarante jusqu'aux quarante-sept degrés vers le pôle arctique ; et sur la terre du Brésil, la Guinée, l'île de Saint-Laurent, et celle de Sumatra, jusqu'où les navires et les caravelles Français ont navigué.* Ramusio, dans la préface qu'il a mise à la tête de ce discours, distingue deux voyages de ce capitaine : le premier, en 1539, en Canada, en Afrique et au Brésil ; le second, aux Indes orientales, mais sans marquer en quelle année. « Ce discours, ajoute-t-il, nous a paru véritablement très-beau et digne d'être lu de chacun, et nous regretons beaucoup de ne pas savoir le nom de son auteur, parce que si nous le connaissions, nous n'aurions pu manquer à le nommer, sans faire injure à la mémoire d'un si brave homme et d'un cavalier si accompli. »

IV

LES HUGUENOTS.

François Ier ne parut donc plus s'intéresser à l'Amérique après la mort de MM. de Roberval. Sous le règne suivant, les voyages de quelques Français au Brésil ayant donné en France une grande idée des richesses de ce pays-là, l'amiral de Coligny proposa au roi Henri II de les partager avec le roi de Portugal. Son dessein fut approuvé, aussi bien que le choix qu'il fit, pour l'exécution, de Nicolas Durand de Villegagnon, chevalier de Saint-Jean-de-Jérusalem et vice-amiral de Bretagne. C'était un homme de mérite, mais qui, ayant eu le malheur de s'engager dans les nouvelles erreurs du calvinisme, n'eut point de honte de se prêter à un projet dont le but était bien moins

d'acquérir à la France une partie du Brésil que d'y
assurer une ressource au calvinisme, proscrit et
persécuté par le souverain. Heureusement pour la
religion, il ouvrit enfin les yeux, mais, ne s'étant
pas trouvé, après sa conversion, en état de soutenir son entreprise avec les seuls catholiques, toute
cette expédition s'en alla en fumée. Les Portugais,
alarmés de la préférence marquée des Brésiliens
pour les Français, profitèrent de la division que
le retour de Villegagnon à l'Eglise avait causée
parmi les siens; et, pour se mettre une bonne fois
l'esprit en repos de ce côté-là, ils égorgèrent,
comme corsaires et gens sans aveu, tous les Français qui étaient restés au Brésil après le départ du
vice-amiral.

La France sous les règnes de François II et de
de Charles IX, ébranlée jusque dans ses fon-
dements par des guerres domestiques, sembla
d'abord avoir entièrement perdu l'Amérique de
vue. Toutefois, au milieu de tant d'orages, il y eut
quelques jours de calme, et l'amiral de Coligny
en profita encore, pour essayer de faire ailleurs
ce qu'il ne pouvait plus espérer d'exécuter au
Brésil. Il jeta les yeux sur cette partie de la Floride que Vérazani avait découverte, et ce pays
lui sembla d'autant plus propre à recevoir une colonie, telle qu'il la projetait, qu'outre la bonté
du climat, et la fertilité de la terre, il se flattait

que les Français n'y trouveraient personne qui pût leur en disputer la possession, ni même les inquiéter.

La Floride est toute cette partie du continent de l'Amérique qui est renfermée entre l'un et l'autre Mexique, la Nouvelle-France et la Caroline-Septentrionale. Selon les Espagnols, elle comprend tout ce qui est à l'est de la province de Panuco, c'est-à-dire qu'elle n'a point de bornes au nord, à l'orient et au midi, et que tout ce que les Français et les Anglais possèdent dans l'Amérique septentrionale est de la Floride, et a été envahi sur la Couronne d'Espagne. Un auteur moderne appuie cette prétention sur un fondement bien ruineux, puisqu'il l'établit sur les découvertes de Ponce de Léon, de Luc Vasquez d'Ayllon, et sur les expéditions de Pamphile de Narvaez et de Ferdinand de Soto. Or Ponce de Léon ne découvrit la Floride qu'en l'année 1512, et, plusieurs années auparavant des Français, des Anglais, et Cortereal, Portugais, avaient fait des découvertes dans l'Amérique septentrionale. Ponce de Léon nonseulement ne fit aucun établissement en Floride, mais les deux fois qu'il y débarqua, il fut obligé de se rembarquer sur-le-champ, et les Français, dès l'année 1504, étaient en commerce avec les peuples du Canada. Si donc le Canada est de la Florilde, la France est la première en

date pour la possession de la Floride, et il serait
ridicule que l'imposition de ce nom faite par Ponce
de Léon à un pays situé sur le golfe Mexique
donna à sa nation un droit sur les trois quarts au
moins de l'Amérique septentrionale, à l'exclusion
des Français, qui y faisaient le commerce, et qui
avaient fait alliance avec des peuples éloignés de
cinq ou six cents lieues de sa découverte.

Luc Vasquez d'Ayllon découvrit, en 1520, les environs du Jourdain, qui font aujourd'hui partie
de la Caroline; son expédition ne fut pas plus
heureuse, et n'eut pas plus de suite que celle de
Jean Ponce de Léon. Quelques années après, Pamphile de Narvaez obtint de l'empereur Charles-
Quint le gouvernement de la Floride : il parcourut presque toute la côte septentrionale du golfe
Mexique, eut plusieurs rencontres avec des sauvages, qui lui tuèrent bien du monde, et il périt
misérablement, sans avoir seulement bâti un
fort.

Enfin Ferdinand de Soto fit pendant trois ou
quatre ans bien des courses dans la Floride, dont
il avait été fait capitaine général; mais il n'avança
guère plus vers le nord que jusqu'à la hauteur
de la Caroline, et mourut sur les bords du Mis-
sissipi, sans s'être seulement mis en devoir de se
fixer en un seul endroit. Louis de Moscoso son
successeur, ramena bientôt après au Mexique les

tristes débris de son armées , et dès-lors il ne
resta pas un seul espagnol dans la Floride , qui
se trouva par conséquent à peu près dans le même
état où elle avait été avant que Ponce de Léon
en fit la première découverte.

Elle y était encore vingt ans après, lorsque l'a-
miral de Coligny forma le dessein d'y établir une
colonie toute composée de gens de sa religion ;
dessein que selon toutes les apparences , il ne
découvrit pas au roi Charles IX , à qui il ne fit
envisager son projet que comme une entreprise
extrêmement avantageuse à la France. Ce prince
le laissa maître de tout , et lui permit d'user de
toute l'étendue du pouvoir que lui donnait sa
charge. Il parut même, dans la suite, qu'il n'ignorait point et qu'il fut fort aise de voir que M. de
Coligny n'employait à cette expédition que des
Calvinistes , parce que c'était autant d'ennemis
dont il purgeait l'état.

La principale attention de l'amiral fut à choisir
un chef sur lequel il pût compter pour l'exécution
de son projet , et ce choix tomba sur un ancien
officier de marine nommé Jean de Ribaut , na-
tif de Dieppe , homme d'expérience , et zélé Hu-
guenot. Il partit de Dieppe en 1562 avec deux
bâtiments , de ceux qu'on appelait alors roberges, et qui différaient peu des caravelles espagnoles : il avait des équipages choisis , et plusieurs

volontaires, parmi lesquels il y avait quelques
gentilshommes.

La première terre qu'il reconnut fut une
pointe assez basse, bien boisée, et située par les
trente degrés nord, à laquelle il donna le nom
de Cap-Français ; mais il ne s'y arrêta point, et,
ayant tourné à droite, il aperçut, quelque temps
après, une rivière, qu'il appela la Rivière-des-
Dauphins, mais où il n'entra point. Poursuivant
toujours la même route, il en découvrit une autre
éloignée d'environ quinze lieues de la première,
et qui lui parut beaucoup plus grande ; il y entra
le premier de mai, et la nomma la Rivière-de-
Mai. Il y rencontra des sauvages en grand nombre, et s'étant aperçu que son arrivée leur faisait
plaisir, il mit pied à terre, et commença par
dresser sur une butte de sable une petite colonne
de pierre, sur laquelle il fit graver les armes de
France. Il alla ensuite visiter le chef des sauvages ; il lui fit quelques présents, et en reçut de
lui.

Il avait en tête le Jourdain, découvert par Luc
Vasquez d'Ayllon; c'est pourquoi après avoir pris
possession du pays au nom du roi et de l'amiral
de France, il se rembarqua et continua sa route
au nord, rangeant la côte à la vue. A quatorze
lieues de la Rivière-de-Mai il en trouva une troisième, qu'il nomma la Seine. Il donna ensuite à

toutes celles qu'il aperçut dans l'espace de soixante lieues, les noms des principales rivières de France, mais on reconnut dans la suite qu'il avait pris plusieurs anses pour des embouchures de rivière. Enfin il crut avoir rencontré le Jourdain, mais il se trompait, le Jourdain lui restait encore au septentrion, et la rivière, où il entra, et où il mouilla par dix brasses d'eau, a depuis été appelée par les Espagnols la rivière de Sainte-Croix. Mais les Anglais, qui ont bâti sur les bords de la ville de Saint-Georges, ou le Nouveau-Londres, ont encore changé ce nom en celui d'Ediscow, et elle est marquée dans quelques-unes de nos cartes sous celui de Rivière-des-Chaouanons.

M. de Ribaut, qui ne doutait point que ce ne fût le Jourdain, donna le nom de Port-Royal à l'endroit où il avait mouillé l'ancre; il y fit ensuite arborer les armes de France, puis il traça dans une île un petit fort, qui fut bientôt en état de loger tout le monde, et qu'il appela Charles-Fort. Il ne pouvait guère le placer mieux; les campagnes des environs sont belles, le terrain fertile, la rivière abondante en poissons, les bois remplis de gibier, les lauriers et les lentisques y répandent une odeur très-suave, et les sauvages de ce canton ne firent pas moins d'amitié aux Français que ne leur en avaient fait ceux de la Rivière-de-Mai. Cependant M. de Ribaut en ayant voulu engager quelques-uns à le suivre en France, persuadé qu'il ne pouvait pas faire un présent plus agréable à l'amiral et à la reine mère du roi, il ne put jamais en gagner un seul.

Ce que nous avons dit des environs du Port-Royal convient assez à tout le pays, qui a depuis porté le nom de Floride-Française , et qui est situé entre les trente et les trente-cinq degrés de latitude nord, depuis le cap Français jusqu'à Charles-Fort. Plusieurs relations lui donnent même le nom de Nouvelle-France. Le Terroir y est communément fertile ; bien arrosé, coupé de plusieurs rivières, dont quelques-unes sont assez considérables , et toutes fort poissonneuses. On a cru long-temps qu'il y avait des mines d'or, d'argent et de cuivre, des perles et des pierres précieuses ; mais à mesure qu'on a vu les choses de près , on a reconnu qu'à la vérité il y a du cuivre en quelques endroits, et d'assez méchantes perles dans deux ou trois rivières , mais que le peu d'or et d'argent qu'on avait aperçu entre les mains des sauvages, venait des Espagnols, dont un assez grand nombre avaient fait naufrage à l'entrée du canal de Bahame, et le long des côtes voisines de la Floride.

Leurs navires , presque toujours chargés des richesses de l'Amérique , demeuraient souvent échoués sur des bancs de sable, dont tout ce parage

est semé, et les sauvages étaient fort attentifs à
profiter de leur malheur; aussi a-t-on remarqué
que les plus voisins de la mer étaient beaucoup
mieux fournis que les autres de leurs dépouilles.
Ces barbares ont la couleur plus foncée et plus tirant sur le rouge que les sauvages du Canada.;
ce qui est l'effet d'une huile dont ils se frottent
le corps. La différence pour le reste entre eux et
les autres peuples de l'Amérique septentrionale
n'est presque pas sensible. Ils se couvrent moins,
parce qu'ils habitent un pays plus chaud; ils sont
plus dépendants de leurs chefs, que les relations
françaises nomment Paraouflis ou Paracouflis, et
auxquels les Castillans donnent le titre général de
Caciques. Mais quelque idée que les Historiens
espagnols aient voulu nous donner de la puissance
et des richesses de ces Caciques, elles se réduisent,
dans le fond, à très-peu de chose.

Du reste, les Floridiens sont bien faits, braves,
fiers, assez traitables néanmoins, quand on sait
les prendre par la douceur et par la raison. Ils
ne sont pas aussi cruels envers leurs prisonniers,
que les Canadais, et quoiqu'ils soient anthropo-
phages comme ceux-ci, ils ne poussent pas l'inhumanité jusqu'à se faire un plaisir de voir souffrir un malheureux, ni un art de le tourmenter.
Ils se contentent de retenir dans l'esclavage les
femmes et les enfants, qu'ils prennent en guerre;

ils immolent les hommes au soleil, et ils se font un devoir de religion de manger la chair de ces victimes.

Dans les marches et dans les combats, les Paraoustis sont toujours à la tête de leurs troupes, tenant un casse-tête, ou une espèce de masse d'arme d'une main, et de l'autre une flèche : le bagage est porté par des hermaphrodites, dont il y a un grand nombre dans ce pays, si on en croit un auteur qui a été long-temps dans les lieux. Ces peuples sont aussi dans l'usage d'arracher la peau de la tête de leurs ennemis, après les avoir tués, et, dans les réjouissances qui suivent la victoire, ce sont les vieilles femmes qui mènent la bande, parées de ces chevelures. On les prendrait alors pour de vraies mégères ou des furies. Les Paraoustis ne peuvent rien décider dans les occasions importantes, sans avoir assemblé le conseil, où, avant de parler d'affaires, ils commencent par avaler un grand coup d'apalachine, puis ils en font distribuer à tous ceux qui composent l'assemblée.

Le soleil est en quelque façon l'unique divinité des Floridiens; tous leurs temples lui sont consacrés; mais le culte qu'ils lui rendent varie suivant les cantons. On prétend que les mœurs sont fort corrompues dans toute la Floride, et il est certain du moins que plus on approche de la

Floride, en venant du Canada, plus on trouve de
désordres parmi les Sauvages, et que ce qu'on
voit aujourd'hui de libertinage parmi les Iroquois
et les autres peuples plus septentrionaux encore,
vient en bonne partie du commerce qu'ils ont eu
avec ceux de l'occident et du midi. La polygamie
n'est permise dans la Floride qu'aux paraoustis,
lesquels ne donnent même le nom d'épouse qu'à
une de leurs femmes. Les autres sont de véritables esclaves, et leurs enfants n'ont aucun droit à
la succession de leur père.

On rend de grands honneurs à ces chefs pendant leur vie, et de plus grands encore après leur
mort. Le lieu de leur sépulture est environné de
flèches plantées en terre, et la coupe où ils avaient
accoutumé de boire est placée sur la tombe. Tout
le village pleure et jeûne pendant trois jours; la
cabane du défunt est brûlée avec tout ce qui était
à son usage particulier, comme si personne n'était
digne de s'en servir après lui. Ensuite les femmes
se coupent les cheveux, et les sèment sur le tombeau, où plusieurs vont tour à tour, pendant six
mois, pleurer trois fois tous les jours. Les Paraoustis des bourgades voisines viennent aussi rendre
en cérémonie les derniers devoirs au défunt.

On fait presque autant de façons à la mort des
ministres de la religion, qui sont aussi les méde-
cins du pays, et qui diffèrent peu des jongleurs

du Canada, si ce n'est qu'ils sont encore plus adonnés aux sortiléges : aussi ont-ils à faire à un peuple plus superstitieux. Presque toute l'éducation qu'on donne aux enfants consiste à les exercer à la course sans aucune distinction de sexe, et il y a des prix proposés pour ceux qui y excellent. De là vient que tous hommes et femmes sont d'une agilité merveilleuse. On les aperçoit plutôt au haut des plus grands arbres, qu'on ne les y a vu grimper. Ils ont encore une très-grande adrèsse à tirer de l'arc, et à lancer une espèce de javelot, dont ils se servent à la guerre avec succès. Enfin ils nagent avec une extrême vitesse, les femmes mêmes, quoique chargées de leurs enfants qu'elles portent entre leurs bras, passent de grandes rivières à la nage.

Les animaux à quatre pieds les plus communs dans cette partie de la Floride sont deux espèces de lions, le cerf, le chevreuil, le bœuf, qui ne diffèrent en rien de ceux du Canada ; le léopard, le daïm, le loutre, le castor, le loup, le lièvre, le lapin, le chat-sauvage, et le rat de bois ; mais tous ne se trouvent pas dans les mêmes cantons. On y voit partout la plupart de nos oiseaux de proie et de rivières, aussi bien que les perdrix, les tourtes, les ramiers, les cigognes, les poules d'inde, les grands gosiers, quantité de perroquets, et divers petits oiseaux. L'oiseau-mouche

du Canada n'y paraît point en été, mais il s'y re-
tire pendant l'hiver, ce petit animal ne pouvant
souffrir apparemment ni le grand chaud ni le
moindre froid. Les rivières y sont remplies de
caïmans., les campagnes et les bois de serpents,
surtout de ceux qu'on appelle serpents à sonnettes.

Les forêts sont pleines de pins, mais qui ne
portent point de fruits ; de chênes, de noyers, de
mérisiers, de mûriers, de lentisques, de lataniers, de châtaigniers, de cèdres, de cyprès, de
lauriers, de palmiers et de vignes. On y voit aussi
des néfliers, dont les fruits sont plus gros et meilleurs qu'en France, et des pruniers, dont les pru-
nes sont fort délicates. Mais l'arbre le plus estimé
dans ce pays est le sassafras, que les Floridiens
appellent palamé ou pavama.

Il ne vient jamais plus grand qu'un pin médio-
cre ; il ne jette point de branches, son tronc est
tout uni, et sa tête touffue forme une espèce de
coupe. Ses feuilles sont à trois pointes comme
celles du figuier, d'un vert obscur, et d'une bonne
odeur, surtout quand elles sont sèches ; lorsqu'elles ne font que de naître, elles ont la figure de
celles du poirier. Son écorce est polie, un peu
rougeâtre, et a un petit goût d'anis. Son bois est
léger, a le goût et l'odeur aromatique, approchant
du fenouil. Sa racine est plus dure et plus pesante,
et ne s'étend qu'en superficie. Cet arbre croît sur

le bord de la mer et sur les montagnes, mais toujours dans un terrain qui n'est ni trop sec ni trop humide. Son bois est chaud au second degré, son écorce l'est presque au troisième. Lorsqu'il y a plusieurs de ces arbres en un même lieu, ils jettent une odeur qui diffère peu de celle de la canelle.

Des espagnols de San-Mathéo et de Saint-Augustin, c'est-à-dire, de la Rivière-Dauphine et de la Rivière-de-Mai, étant presque tous attaqués de fièvres causées par la mauvaise nourriture, et les eaux crues et troubles qu'ils buvaient, des Français leur apprirent à user du sassafras, comme ils l'avaient vu pratiquer aux Sauvages ; ils en coupaient la racine en petits morceaux qu'ils faisaient bouillir dans l'eau, ils buvaient de cette eau à jeun et à leurs repas, et elle les guérit parfaitement. Ils en ont depuis fait bien d'autres expériences ; et si on les en croit, il n'y a presque point de maladie qui résiste à cette boisson : elle était leur remède et leur préservatif uniques et universels dans la Floride. Mais quand les vivres leur manquaient, ils n'en usaient point, parce qu'elle leur causait une faim plus insupportable encore que quelque maladie que ce fût.

Dans plusieurs maladies on coupe en petits morceaux les racines, les petites branches et des feuilles du sassafras, et on en fait une décoction en cette manière. On en laisse tremper une once toute une nuit dans douze livres d'eau, puis on fait cuire tout cela à petit feu, jusqu'à ce que l'eau soit diminuée d'un tiers. Mais en cela il faut avoir égard au tempérament du malade, qui doit garder un grand régime pendant tout le temps qu'il use de ce remède. On assure même qu'il est fort nuisible quand la maladie est invétérée, ou le malade trop faible. Quelques-uns, avant d'user de ce remède, se font beaucoup purger, et c'est le plus sûr; mais d'autres se contentent d'user de cette décoction pour leur breuvage ordinaire, en y mêlant un peu de vin, et ne se purgent point auparavant.

Il est certain que le sassafras a toujours passé pour être un excellent remède contre les maux d'estomac et de poitrine, et généralement contre tous ceux qui proviennent du froid. François Ximénès dit que s'étant rencontré auprès de la baie de Ponce-de-Léon, dans une grande disette d'eau, il s'avisa de couper du sassafras en petits morceaux, de le tremper dans une eau presque aussi salée que celle de la mer; qu'au bout de huit jours il but de cette eau, et la trouva fort douce.

Parmi les arbrisseaux de ce pays, le plus remarquable est la cassine, ou apalachine; et parmi les simples, on vante surtout l'apoyomatsi, ou patzisiranda, que François Ximénès décrit en cette manière. Ses feuilles sont semblables à celles des poireaux, mais plus longues et plus déliées. Son tuyau est une espèce de jonc, plein de pulpes, noueux, et d'une coudée et demie de haut. Sa fleur est petite et étroite, sa racine déliée, fort longue, semée de nœuds ou bossettes ronde et velue. C'est ce que les Espagnols appellent chapelets de Sainte-Hélène, et les Français, patenotes. Ces boulettes, coupées et exposées au soleil, deviennent très-dures, noires au-dehors, et blanches en dedans. Elles ont une odeur aromatique, approchant du galanga. Elles sont sèches et chaudes au troisième degré et plus, un peu astringentes et résineuses; cependant elles ne se trouvent que dans les lieux humides et aquatiques.

Les sauvages, après avoir broyé les feuilles de cette plante entre deux pierres, en tirent un suc, dont ils se frottent tout le corps quand ils se sont baignés, persuadés qu'il fortifie la peau et lui communique une odeur agréable. Les Espagnols ont aussi appris d'eux à réduire ce simple en poudre, qu'ils prennent dans du vin en certaines maladies. Ils le broient et le prennent en bouillon pour les maux de poitrine. Ils l'appliquent en emplâtre, pour arrêter le sang et pour fortifier l'estomac. Enfin on prétend que sur toute cette côte de la Floride on ramasse quelquefois de l'ambre gris.

M. de Ribaut, fort satisfait de son établissement, ne pensa plus qu'à retourner en France
pour y chercher un nouveau renfort. Il donna pour
chef à sa nouvelle colonie un de ses capitaines,
nommé Albert, et lui laissa autant d'hommes
qu'il lui en fallait pour tenir les sauvages en respect. Il lui donna des provisions en assez petite
quantité; mais il lui promit de lui amener au
plus tôt un grand convoi de vivres et de munitions;
après quoi il mit à la voile, et arriva à Dieppe, le
20 juillet. Le commandant, de son côté, eut à
peine achevé quelques ouvrages qui lui restaient
à faire pour mettre sa place hors d'insulte, qu'il
partit pour aller découvrir le pays, suivant l'ordre que lui en avait donné son général. Il visita
plusieurs paraoustis, qui lui firent beaucoup
d'accueil; et l'un d'eux, nommé Andusta, l'invita
à une fête assez singulière dont j'ai cru qu'on
verrait ici la description avec plaisir.

Elle se célébrait en l'honneur d'une divinité
nommée Toya. Les lois ne permettent point aux
étrangers d'y paraître, et il fallut user de beaucoup de précautions pour la faire voir aux Français sans qu'ils fussent aperçus. Andusta le
conduisit d'abord dans une grande place de figure
ronde, que les femmes nettoyaient avec un grand
soin; le lendemain au point de jour, quantité de
sauvages, peints de différentes couleurs et ornés

de plumages, sortirent de la cabane du paraousti, qui donnait sur la place, autour de laquelle ils se rangèrent en bon ordre. Trois ionas, c'est ainsi qu'on appelle les ministres de la religion, parurent ensuite bizarrement vêtus, ayant je ne sais quel instrument à la main ; ils s'avancèrent au milieu de la place, où après qu'ils eurent longtemps dansé en tournoyant et en chantant sur un ton fort lugubre, l'assemblée leur répondit sur le même ton.

Cela recommença jusqu'à trois fois, puis les uns et les autres prenant tout-à-coup leur essort, comme si quelque terreur panique les eût saisis, ils se mirent à courir de toutes leurs forces vers le bois. Les femmes vinrent alors prendre la place de leurs maris et ne firent le reste de jour que se lamenter. De temps en temps néanmoins elles paraissaient entrer en fureur, se jetaient sur leurs filles, leur faisaient des incisions aux bras avec des écailles de moules, remplissaient leurs mains du sang qui sortait des plaies et le jetaient en l'air en s'écriant par trois fois : Eh ! Toya. Andusta, qui tenait compagnie aux Françaisqu'il avait placés dans un petit réduit où on ne les apercevait point, souffrait beaucoup quand il les voyait rire, mais il ne leur en témoignait rien pour lors.

Les hommes demeurèrent deux jours et deux nuits dans le bois, et étant revenus au lieu d'où ils étaient partis, ils dansèrent de nouveau et chantèrent, mais sur un ton plus gai. Ils firent ensuite quantité de tours assez divertissants, et le tout se termina par un grand festin où l'on mangea avec excès; aussi les acteurs n'avaient rien pris depuis le commencement de la fête. Un d'entre eux raconta depuis aux Français que pendant les deux jours qu'ils avaient passé dans le bois, les ionas avaient évoqué le dieu Toya, lequel s'était montré à eux; qu'ils lui avaient fait plusieurs questions, auxquelles il avait répondu, mais qu'ils n'osaient rien révéler de ce qu'ils avaient entendu, de peur de s'attirer l'indignation des ionas.

Les courses que faisait le capitaine Albert pouvaient avoir leur utilité, mais il y avait quelque chose de plus pressé à faire, à quoi il ne pensait point, c'était d'ensemencer les terres pour avoir de quoi remplir ses magasins. L'amiral de Coligni n'avait rien tant recommandé; mais on ne pensait qu'à chercher des mines, et on ne pouvait s'ôter de l'esprit qu'il y eût un seul canton de l'Amérique où il ne s'en trouvât point. Tant que durèrent les provisions qu'on avait apportées de France et qu'on eut de la poudre et du plomb, on fit bonne chère; la pêche fut aussi pendant quelque temps d'une grande ressource; mais tout cela manqua

4

presqu'à la fois, parce que le poisson ne donne dans ses rivières que dans certaines saisons.

On eut recours ensuite aux naturels du pays, qui firent de leur mieux, parce qu'on en usait bien avec eux; mais cette source tarit aussi bientôt. Le superflu des sauvages est bien peu de choses, surtout pour des gens qui ne sont pas accoutumés à la sobriété de ces peuples, encore moins à se passer, comme eux, de manger plusieurs jours de suite. Pour comble de malheur, après qu'on eut fait un assez grand amas de maïs, qu'on avait été obligé d'aller chercher fort loin, le feu prit au fort, qui fut consumé en peu d'heures avec les magasins. Cette perte fut néanmoins assez promptement reparée, mais un accident des plus tragiques mit la colonie dans un désordre qui en causa bientôt la ruine entière.

Le commandant de Charles-Fort était un homme de main, et qui ne manquait pas absolument de conduite, mais il était brutal jusqu'à la férocité, et ne savait pas même garder les bienséances. Tant qu'il avait été subalterne, ce défaut n'avait presque point paru; l'autorité le mit dans tout son jour, où lui ôta le frein qui le retenait. Il punissait les moindres fautes, et toujours avec excès; il pendit lui-même un soldat qui n'avait point mérité la mort, il en dégrada un autre des armes avec aussi peu de justice, puis il l'exila, et l'on crut que son dessein était de le laisser mourir de faim et de misère ; il menaçait sans cesse du dernier supplice, et quiconque avait eu le malheur de lui déplaire, n'avait pas sa vie en sûreté. Il tenait d'ailleurs des discours qui faisaient, dit-on, dresser les cheveux à la tête.

Enfin il lassa la patience des plus modérés, on conspira contre lui, et on s'en défit d'autant plus aisément, que quoiqu'il ne pût ignorer que tous le craignaient et le haïssaient, il ne se tenait nullement sur ses gardes. Il fallut songer ensuite à lui donner un successeur, et le choix que l'on fit fut plus sage qu'on ne devait l'attendre de gens dont les mains fumaient encore du sang de leur chef. Ils mirent à leur tête un honnête homme, nommé Nicolas Barré, lequel, par son adresse et sa prudence, rétablit en peu de temps la paix et le bon ordre dans la colonie.

Cependant M. de Ribaut ne revenait point, et l'on se voyait à la veille d'éprouver toutes les horreurs de la famine; on était à la discrétion des sauvages pour avoir des vivres, et le nouveau commandant voyait bien que cela ne pouvait pas durer long-temps sans que l'on courût risque d'essuyer de la part de ces barbares quelque chose de plus fâcheux encore que la disette. Plein de ces affligeantes pensées, il assembla son conseil, y exposa l'extrémité où l'on allait bientôt être reduit, et ce qu'on avait à craindre pour l'avenir. Sur cette représentation il n'y eut qu'une voix, tous conclurent que sans différer d'un seul jour, il fallait construire un bâtiment, et sitôt qu'il serait achevé, s'en servir pour retourner en France, si on n'en avait pas reçu de secours.

Mais comment exécuter ce projet, sans constructeurs, sans voiles, sans cordages, sans agrés ? la nécessité, quand elle est extrême, ôte la vue des difficultés, et rend facile tout ce qui, hors de-là, paraîtrait impossible. Chacun mit la main à l'œuvre ; des gens, qui de leur vie n'avaient manié la hache ni aucune sorte d'outils, se trouvèrent devenus charpentiers et forgerons. La mousse et une espèce de filasse qui croît sur les arbres dans une grande partie de la Floride, servirent d'étoupes pour calfater le bâtiment ; chacun donna ses chemises et les draps de son lit pour faire des voiles ; on fit des cordages avec les écorces des arbres, et en peu de temps le navire fut achevé et lancé à l'eau. Un peu de cette industrie et de cette ardeur mieux appliquées, aurait fait trouver les moyens de subsister encore quelque temps ; mais on était dégoûté de la Floride, et l'on aurait peut-être été fâché alors de recevoir le secours après lequel on avait tant soupiré. Il faut peu de chose au Français pour réveiller ce fond d'affection qu'il conserve pour sa patrie, en quelque situation qu'il se trouve.

Le navire équipé, on ne différa pas un seul jour à s'embarquer; et avec la même confiance qui avait fait entreprendre la construction de ce bâtiment sans ouvriers et sans matériaux, on se livra sans réflexion à tous les dangers qu'on ne pouvait manquer de courir sur un vaisseau construit et équipé de cette sorte, et manœuvré par des soldats. Ce qu'il y eut de plus étrange, c'est que le seul mal réel qu'on voulait éviter, fut le seul contre lequel on ne songea point à se précautionner. Nos aventuriers n'étaient pas encore bien loin en mer, lorsqu'un calme opiniâtre les arrêta tout cour, et leur fit consumer le peu qu'ils avaient embarqué de provisions. Ils se virent enfin réduits à douze ou quinze grains de mil par jour pour chacun.

Cette modique ration ne dura pas long-temps, on eut recours aux souliers, et tout ce qu'il y avait de cuir dans le vaisseau fut dévoré. L'eau douce manqua aussi tout-à-fait; quelques-uns voulurent boire de l'eau de la mer, et en moururent. Outre cela, le bâtiment faisait eau de toutes parts, et l'équipage, exténué par la diète, n'était guère en état de travailler à l'étancher. Enfin ces infortunés n'ayant plus absolument rien qu'on pût boire et manger, et s'attendant à voir à tout

4.

moment leur navire couler à fond, perdirent en-entièrement courage, et s'abandonnèrent à leur triste sort.

Dans ce désespoir, quelqu'un s'avisa de dire qu'un seul pouvait sauver la vie à tous les autres aux dépens de la sienne, et une si étrange propo-sition, non-seulement ne fut pas rejetée avec horreur, mais fut extrêmement applaudie. On était presque convenu de tirer au sort pour savoir quelle serait la victime qu'on immolerait au salut des autres, lorsqu'un soldat nommé Lachau, celui-là même que le capitaine Albert avait exilé après l'avoir dégradé des armes, déclara qu'il voulait bien avancer sa mort, qu'il croyait inévi-table, pour reculer de quelques jours celle de ses compagnons. Il fut pris au mot, et on l'égorgea sur-le-champ, sans qu'il fît la moindre résistance. Il ne fut pas perdu une goutte de son sang, tous en burent avec avidité, le corps fut mis en pièces, et chacun en eut sa part.

Ce premier pas franchi, il y a bien de l'appa-rence que d'autres, de gré ou de force, eussent eu le sort de Lachau, si peu de temps après on n'eût pas aperçu la terre, et presque aussitôt un navire qui s'approchait. Nos gens l'attendirent, c'était un bâtiment anglais, et il s'y rencontra un Français du nombre de ceux qui étaient partis de la Floride avec M. de Ribaut. Cet homme leur apprit que la guerre civile, qui peu de temps après leur départ de France s'y était rallumée plus vive qu'auparavant, était cause de l'abandon où M. de Coligny les avait laissés ; mais que la paix n'avait pas été plutôt conclue, que ce seigneur s'était donné tous les mouvements nécessaires pour secourir sa colonie, dont l'établissement lui tenait toujours fort au cœur.

Ce fut, en effet, la première chose dont l'amiral parla au roi, lorsqu'il lui fut permis de reparaître à la cour, et Charles IX lui accorda trois navires bien équipés et bien fournis de tout ce qui était nécessaire pour ravitailler Charles-le-Fort. Il en confia le commandement à un gentilhomme de mérite, nommé René de Laudonnière, bon officier de marine, et qui avait même servi sur terre avec distinction. D'ailleurs il connaissait déjà la Floride, où il avait accompagné M. de Ribaut deux ans auparavant. On lui donna des ouvriers habiles dans tous les arts qui peuvent être de quelque utilité dans une colonie naissante. Quantité de jeunes gens de famille, et plusieurs gentilshommes voulurent faire ce voyage à leurs dépens, et on y joignit des détachements de soldats choisis dans de vieux corps. L'amiral eut soin surtout qu'il n'y eût aucun catholique dans cet armement. Le roi fit compter cinquante mille écus à Laudonnière, et il y a bien de l'apparence que Jacques le

Moyne de Morgues, qui fut de cette expédition, se trompe, quand il fait monter ce présent de Charles IX à cent mille écus. Ce n'est pas le seul article de la relation de ce voyageur où il n'est pas d'accord avec M. de Laudonnière.

Les trois navires firent voile du Hâvre-de-Grâce, le 22 avril 1564, les deux premiers ayant pour pilote deux frères, Michel et Thomas le Vasseur, deux des plus habiles dans leur art qui fussent alors en France. Laudonnière prit sa route par les Canaries, cotoya la plupart des petites Antilles, et, le 22 juin, il aborda en Floride; quelques jours après, il jeta les ancres à l'entrée de la rivière des Dauphins, dans laquelle il entra avec sa chaloupe, mais il en sortit d'abord, au grand regret des sauvages, qui firent tous leurs efforts pour le retenir. De là il passa à la Rivière-de-Mai, et y trouva à son débarquement le paraousti Saturiova, avec un grand nombre de ses sujets.

La plupart le reconnurent, et tous, après lui avoir fait bien des amitiés, le conduisirent à l'endroit où M. de Ribaut avait arboré les armes de France sur une colonne de pierre. Ces barbares s'étaient imaginés qu'il y avait quelque chose de mystérieux dans ce monument, et dans cette pensée, ils y allaient faire des offrandes, dont il était encore tout environné; ils lui rendirent même en présence des Français, des respects qui avaient tout l'air d'un culte religieux. Il y a bien de l'apparence que Laudonnière fut alors instruit de l'abandon de Charles-Fort, puisqu'il s'arrêta dans la Rivière-de-Mai, car il paraît qu'il l'avait ignoré à son départ de France.

Quoiqu'il en soit, le lendemain de son arrivée, il rendit une visite à Saturiova, et lui témoigna qu'il serait bien aise de connaître le pays qu'arrosait la rivière. Le paraousti y consentit, à condition qu'il ne serait pas long-temps dans ce voyage. Une troupe de sauvages accompagna même les Français pendant quelque temps, marchant le long des deux bords du fleuve, et répétant sans cesse le mot d'ami. Laudonnière n'alla pas fort loin, et ayant fait dresser sa tente au pied d'une petite colline, il ordonna au sieur d'Ottigny, son lieutenant, et au chevalier d'Erlach, son enseigne, de remonter la rivière pendant quelques jours.

Ces deux officiers rencontrèrent bientôt des sauvages qui ne dépendaient point de Saturiova, et qui, après s'être un peu remis de la frayeur que leur avait causée la première vue des Français, les menèrent chez un vieux paraousti, qu'ils disaient être âgé de deux cent cinquante ans, et père de six générations, ce qui était bien peu pour un si grand âge. Cet homme était en effet fort décrépit et aveugle, et n'avait plus qu'une peau livide collée sur les os ; mais celui qu'on disait être son père paraissait un homme de soixante ans au plus.

D'Ottigny et d'Erlach ne poussèrent pas plus avant leurs découvertes, et retournèrent au lieu où ils avaient laissé leur commandant. Dès qu'ils l'eurent rejoint, ils montèrent tous ensemble sur la colline , au bas de laquelle M. de Laudonnière était campé, et ils découvrirent de là un pays fort agréable. La rivière, toujours d'une belle largeur, autant que la vue pouvait porter, arrosait de grandes plaines, qui avaient toutes les apparences d'être fertiles. Ces plaines étaient bordées de forêts , dont les arbres , extrêmement hauts , étaient entremêlés de vignes , de lauriers , de len- tisques , dont l'odeur embaumait l'air. Cette vue charmante était terminée d'un côté par la mer, et de l'autre par une chaîne de montagnes, où les sauvages firent long-temps accroire aux Français qu'il y avait des mines.

On se persuade aisément ce qu'on souhaite, et les moindres indices deviennent des assurances. Tous ceux qui devaient composer la nouvelle colonie n'étaient venus en Floride que pour y chercher de l'or et de l'argent , et tandis que l'esprit de liber- tinage et de fainéantise leur rendait insuppotable le travail de la culture d'une terre qui leur aurait bientôt rendu au centuple ce qu'ils y auraient semé, ils comptaient pour rien les fatigues et les dangers qu'il fallait dévorer pour aller chercher bien loin ce qu'ils n'étaient nullement assurés de trouver. Ce qu'il y eut encore de plus fâcheux, c'est que par ce frivole appas, ils se laissèrent sottement engager dans une affaire qui seule était capable d'étouffer la colonie naissante dans son berceau.

Laudonnière, de retour chez Saturiova, lui demanda d'où venait un morceau d'argent dont ce chef lui avait fait présent à son arrivée. Celui-ci qui avait ses desseins, et qui avait déjà reconnu le faible des Français, lui répondit qu'on le tirait d'un pays assez éloigné, et que le paraousti à qui ce pays appartenait, et qui se nommait Timogoa, était son ennemi mortel. Laudonnière donna dans le piége que lui tendait le rusé paraousti, et lui dit que s'il voulait faire la guerre à son ennemi, il s'offrait de l'accompagner avec une partie de ses gens. Santuriova le prit au mot, et l'assura, de son côté, qu'après la défaite de Timogoa, dont il ne doutait point, s'il était secondé des Français, il lui ferait trouver autant d'or et d'argent qu'il en voudrait.

Malgré ces promesses réciproques, Laudonnière, soit qu'il se repentît de s'être trop légèrement engagé, ou qu'il voulût voir s'il ne pouvait pas se rendre maître des mines sans en avoir obligation aux sauvages, se rembarqua dès le lendemain avec tout son monde et sortit de la Rivière-de-Mai, entra d'abord dans la Seine, puis dans le Somme, où il rencontra le paraousti de ce canton avec sa femme et quatre grandes filles, qui ne lui parurent pas trop mal faites pour des Floridiennes. Le paraousti le reçut parfaitement bien, et parmi les présents qu'il lui fit, il y avait une petite boule d'argent. Il invita ensuite les Français à passer quelques jours avec lui, mais M. de Laudonnière s'en excusa, et se rembarqua sur-le-champ.

Il tint ensuite conseil pour délibérer sur le parti qu'il avait à prendre ; il commença par exposer les ordres précis qu'il avait de faire un établissement solide, et il ajouta qu'il n'était question que du choix d'un emplacement. Il représenta ensuite que le cap Français lui paraissait un pays trop bas et trop mouillé ; que Charles-Fort avait été bâti dans un port très-commode, mais qu'il n'en croyait pas le terrain aussi fertile que celui de la rivière de May ; et que d'ailleurs, autant qu'il en pouvait juger, cette rivière était la route la plus facile et la plus courte, pour pénétrer jusqu'aux mines dont on leur avait parlé. Dans les dispositions où était tout le monde, cette dernière raison était concluante, chacun fut de l'avis du commandant. On revira de bord sur-le-champ, et le lendemain 29 juin, les trois navires se trouvèrent de bon matin à l'embouchure de la Rivière-de-Mai.

Le jour suivant, le fort fut dressé dans un lieu très-avantageux, environ à deux lieues de la mer : on y travailla avec une diligence extrême, et il fut nommé *la Caroline*. Ce nom a trompé bien des auteurs, qui se sont persuadés que c'était là l'origine de celui que porte aujourd'hui une des plus belles colonies anglaises de l'Amérique. Quelques-uns ont même cru que, dès ce moment-là, on avait communément appelé *Caroline* ce qu'auparavant on appelait la *Floride française*, ce qui n'est pas vrai. La Caroline d'aujourd'hui doit même si peu son nom à Charles IX, roi de France, qu'elle ne comprend pas tout ce que nous appelions la Floride française ou la Nouvelle-France, ainsi que je l'ai déjà remarqué, et que le fort de la Caroline de Laudonnière est présentement de la Floride espagnole.

Cette forteresse était de forme triangulaire : le côté de l'occident, qui était celui de la terre, fut fermé d'une tranchée, bordée d'un parapet de gazon de la hauteur de neuf pieds ; les deux autres avaient une palissade gabionnée ; et, à l'angle qui regardait la mer, il y avait un bastion, dans lequel était le magasin. Le tout était construit de fascines revêtues de gazon, le milieu était une place de dix-huit pas en carré, sur laquelle il y

avait, vers le nord, une maison assez haute que
les vents abattirent bientôt; et, vers le midi, un
corps de garde. Le four fut placé hors de l'enceinte
de la citadelle, pour éviter les incendies que les
vents, qui sont fréquents et impétueux sur ces
côtes, auraient rendu d'autant plus difficiles à
arrêter, qu'on n'avait pu couvrir les barraques,
où tout le monde était logé, que de feuilles de
palmiers et de lataniers.

M. de Laudonnière, dans les relations qu'il a écri-
tes de ce qui s'est passé en Floride sous ses yeux,
se loue fort de Saturiova, dont il assure que les sujets l'aidèrent beaucoup dans les travaux qu'il fut
obligé de faire. De Morgues, au contraire, nous
représente ce paraousti prenant de grands ombra-
ges d'une forteresse bâtie sur son terrain, et fort
choqué de la manière haute et indépendante dont
le commandant des Français se comportait à son
égard. Il n'y a rien, dans cette diversité de senti-
ments qui doive nous étonner : ne voit-on pas
tous les jours des personnes qui vivent ensemble
penser diversement sur le chapitre de ceux avec
qui ils ont à traiter; les uns s'en défier, et les
autres leur donner toute leur confiance? Tout ce
qu'on peut conclure ici du récit de ces deux historiens, c'est que le chef des sauvages gardait
avec celui des Français des mesures que ce dernier prenait pour des marques d'une amitié sin-

cère, et que ceux qui examinaient de plus près les choses attribuaient à la crainte ou à la politique.

Ce qui paraît certain, c'est que les sauvages ne discontinuaient point d'apporter à la Caroline des farines de maïs, des viandes boucanées, d'une espèce de lézard que ces peuples mangent par délices; des racines, dont plusieurs étaient médicinales, et d'autres fort nourrissantes; quelquefois de l'or, de l'argent, des perles, des pierres précieuses; et que M. de Laudonnière fut obligé d'ordonner à ses gens, sous peine de mort, de porter dans le magasin public tout ce qu'on recevrait des naturels du pays, en métaux, en perles et en pierreries. Mais la source de tous ces trésors tarit bientôt.

Dès que la forteresse fut achevée, M. de Laudonnière renvoya en France un de ses vaisseaux pour y demander du renfort, et fit travailler en diligence à deux grands batteaux, dans le dessein de s'en servir pour aller chercher des vivres dans les rivières voisines. Il reprit ensuite le dessein de faire remonter la Rivière-de-Mai par d'Ottigny, auquel il recommanda de pénétrer dans le pays le plus avant qu'il pourrait, surtout de bien reconnaître celui où commandait Timagoa, et de ne rien négliger pour s'assurer de la vérité de

5.

tout ce que Saturiova lui avait dit au sujet des
mines.

D'Ottigny s'acquitta exactement de sa commission : il entra dans le Timogoa, car dans cette partie de la Floride chaque canton porte le même
nom que le chef, et apparemment que c'est
le chef qui prend celui de son petit état. Il n'y
trouva ni or ni argent, mais un de ses soldats,
qu'il avait envoyé à la découverte, lui rapporta
environ six livres d'argent et de grandes espérances d'en tirer beaucoup davantage d'un pays
fort éloigné.

C'est ainsi que les mines semblaient s'éloigner
à mesure qu'on croyait s'en approcher, semblables à ces prétendus esprits follets qui, après
avoir bien fatigué ceux qui courent pour les joindre, disparaissent au moment qu'on s'imagine les
tenir. Cependant nos aventuriers ne se rebuttaient
point, et se repaissaient toujours d'un chimérique
espoir, qui les empêchait de se procurer des avantages réels, plus précieux que les mines et qui
leur auraient moins coûté. Ils s'aperçurent enfin,
mais un peu tard, que les sauvages ne cherchaient
qu'à les amuser, pour les dépouiller peu à peu
de leurs marchandises. Ces barbares n'étaient pas
même d'accord entre eux sur les lieux où il fallait
aller chercher ces mines. Toutefois, la plupart
assuraient que dans les montagnes d'Apalache il

y avait du fer jaune. On avait dit la même chose
aux Espagnols, et l'on prétend qu'en effet on y a
trouvé du cuivre et même quelques grains d'or
parmi les sables qu'entraînent les torrens, qui
descendent de ces montagnes.

A l'occasion du voyage dont je viens de parler,
il arriva une chose assez singulière à un des deux
frères Le Vasseur. Comme il revenait de Timagoa,
il passa chez un paraousti, qui était en guerre
contre cette nation et qui lui demanda s'il avait
détruit ses ennemis : le pilote répondit qu'il en
avait tué quelques-uns, et que si le chef n'avait
pas été averti de sa marche et ne s'était pas mis
en sûreté dans les bois, il n'en serait pas échappé
un seul. Il n'y avait pas un mot de vrai dans ce
qu'il disait ; mais il s'était imaginé que s'il avait
parlé autrement ce paraousti l'aurait pris pour
un allié de Timagoa et lui aurait fait un mauvais
parti. Le paraousti lui demanda ensuite s'il
avait levé quelques chevelures : Non, repartit
Le Vasseur, ce n'est pas la coutume parmi les
Français.

Alors un des gens du paraousti prend une flèche,
qui était plantée en terre et en va frapper un de
ses camarades, qui était assis un peu plus loin,
en criant hiou, remet ensuite la flèche où il l'a
prise, la reprend un moment après, en perce de
nouveau le même sauvage en réitérant le même

cri. Aussitôt le blessé s'étend à terre tout de son long, paraît sans mouvement et sans vie, les jambes et le corps roides, et dans l'instant ses frères, ses sœurs et sa mère viennent pleurer sur lui. Pendant toute cette comédie le paraousti et la plupart de ceux de sa suite buvaient force apalachine sans se dire un seul mot, et semblaient même ne faire aucune attention à ce qui se passait. Le Vasseur, étonné de tout ce qu'il voyait, s'approcha du chef et lui demanda ce que tout cela signifiait, et celui-ci pour toute réponse répéta d'un ton assez languissant : Timagoa, Timagoa.

Le pilote s'adressa à un autre sauvage pour être mieux instruit, mais ce barbare, après lui avoir fait la même réponse, le pria de ne lui en pas demander davantage. On avait cependant transporté ailleurs le blessé, et Le Vasseur fut curieux de voir ce qu'on on faisait. Il le trouva environné d'une foule de sauvages des deux sexes qui pleuraient, et il aperçut de jeunes filles qui faisaient chauffer une espèce de mousse, dont elles frottaient le corps du malade. Enfin au bout de quelque temps il parut revivre, et dans le vrai il n'avait pas eu beaucoup de mal. Le paraousti dit alors au pilote que quand un parti de guerre revenait sans rapporter de chevelures, le plus chéri des enfants du chef devait être ainsi frappé avec des

armes pareilles à celles dont l'ennemi se servait,
afin de renouveler et de mieux imprimer la mémoire des maux qu'on en avait reçus, et de s'ani-
mer de plus en plus à la vengeance.

Sur ces entrefaites, Saturiova fit demander à
Laudonnière s'il se souvenait de la parole qu'il lui
avait donnée, d'être ami de ses amis et ennemi de
ses ennemis, et s'il était disposé à l'accompagner
dans une expédition, où il venait de s'engager
avec ses vassaux contre Timagoa? Le commandant
lui fit réponse qu'il n'avait pas oublié sa pro-
messe, mais que sa présence était encore nécessaire dans son fort; d'ailleurs qu'il n'avait pas
encore assez de provisions pour un pareil voyage,
et que s'il voulait encore attendre deux lunes, il
marcherait avec lui à la tête de ses soldats. Ce
délai n'accommodait point le paraousti, dont les
troupes étaient déjà assemblées ; il se douta même
que les Français ne cherchaient à gagner du temps
que pour lui manquer impunément de parole ;
mais il n'en témoigna rien pour lors ; il partit avec
son armée, qui était de cinq cents hommes au
plus, y compris les troupes auxiliaires, ce qui ne
donne pas une grande idée de ce prétendu souverain, que quelques-unes de nos relations appellent le grand roi Saturiova.

Avant que de se mettre en campagne, il range
tout son monde en ordre de bataille, et s'étant

avancé au bord de la rivière, il fit halte pour s'acquitter d'une cérémonie dont la religion de ces
peuples ne leur permet pas de se dispenser. Il
commença par s'asseoir à table, et ses vassaux se
placèrent autour de lui dans la même posture. Il
demanda ensuite de l'eau, qu'on lui apporta dans
un vase, et à peine l'eût-il à la main, qu'il
parut entrer dans des agitations assez semblables
à celles où les poètes nous représentent les pitho-
nisses et les sybilles. Les yeux lui roulaient dans
la tête d'une manière affreuse, et il les tournait
sans cesse vers le soleil, ce qui dura une demi-
heure, avec une violence qu'il n'est pas possible
d'exprimer.

Devenu plus tranquille, il versa un peu d'eau
sur la tête de chacun de ses vassaux; puis, saisi
comme d'un mouvement de rage, il jeta le reste
dans un feu qu'on avait allumé exprès, en criant
de toute sa force : Hé! Timagoa. Toute l'armée
répéta aussitôt le même cri, et à ce signal les
chefs se levèrent et tous s'embarquèrent sur-le-
champ. On expliqua dans la suite ce cérémonial
aux Français : on leur dit que Saturiova, pendant
tout le temps de son enthousiasme, n'avait cessé
de demander au soleil la victoire sur ses ennemis,
et que c'était la ferveur même de sa prière qui
l'avait mis dans l'état où on l'avait vu. Qu'en ver-
sant de l'eau sur la tête de ses vassaux, il faisait

des vœux pour obtenir qu'ils revinssent avec les chevelures de ses ennemis, et qu'en jetant le reste de l'eau dans le feu, il témoignait le désir qu'il avait de répandre jusqu'à la dernière goutte du sang de Timagoa.

Les guerriers arrivèrent en deux jours de navigation à dix lieues du rivage qu'ils voulaient attaquer. Là, ils tinrent conseil, et il fut résolu que la moitié de l'armée continuerait le voyage par eau, que l'autre irait par terre, et que les deux troupes entreraient au point du jour par deux endroits dans la bourgade ennemie; qu'on ferait main basse sur tous les hommes, mais qu'on épargnerait les femmes et les enfants pour en faire des esclaves. Tout cela fut exécuté ponctuellement, l'ennemi fut surpris, et tout ce qui était capable de faire résistance fut taillé en pièces; mais on ne fit que vingt-quatre prisonniers. Les vainqueurs, craignant qu'on ne leur coupât la retraite, se donnèrent à peine le loisir de lever les chevelures des morts, et de rendre grâces au soleil pour un si heureux succès. Ils regagnèrent en diligence leurs pirogues et se rembarquèrent, après avoir fait le partage des captifs; car pour le butin, ces peuples ne sont pas accoutumés à s'en charger, et il y a bien peu de choses à gagner avec des gens qui combattent tout nus et qui ont toujours un grand soin de cacher leurs provisions.

Saturiova, qui avait eu pour sa part treize prisonniers, arriva chez lui le lendemain de l'action, et dès que les chevelures qu'il avait apportées parurent à sa porte, ornées de lauriers, suivant la coutume, toute la bourgade fut en pleurs jusqu'au soir. Alors la scène changea, et toute la nuit se passa en réjouissances. Le jour suivant Laudonnière envoya complimenter le paraousti sur sa victoire, et le fit prier de lui céder deux de ses prisonniers. Son dessein était de les renvoyer à Timagoa, afin de s'affectionner cette nation : car, toutes réflexions faites, il avait très-sagement jugé qu'il était de l'intérêt de la colonie de bien vivre avec tous ces peuples, et de les réconcilier même entre eux, s'il était possible. Heureux s'il s'en était toujours tenu à cette résolution.

La réponse de Saturiova fut un refus accompagné de quelques reproches. Le commandant crut qu'il y allait de son honneur de ne pas mollir avec ces barbares. Il partit sur-le-champ avec quarante maîtres armés de toutes pièces, et alla chez le Paraousti. Il entra seul dans sa cabane, après l'avoir fait environner par ses soldats, s'assit à côté de lui sans le saluer, demeura quelque temps dans cette situation, sans lui dire un seul mot, puis demanda où étaient ses prisonniers? Saturiova, surpris de se voir ainsi bravé jusque dans son logis, demeura aussi quelque temps sans répondre, puis il dit d'un ton assez fier, qu'à la vue des Français les captifs effrayés s'en étaient enfuis dans le bois, et qu'il ne savait où les aller chercher.

Laudonnière fit semblant de n'avoir pas entendu, et haussant la voix, il dit qu'il voulait voir ces prisonniers, et qu'on les fît venir à l'heure même. Alors Saturiova ordonna à un de ses gens de les aller chercher, et un moment après ils parurent. Ces infortunés comprirent d'abord, à l'air du chef des Français, que son dessein n'était pas de leur faire du mal, et ils voulurent se jeter à ses pieds; mais il ne leur en donna pas le temps; il se leva, sortit de la cabane, et leur commanda de le suivre. Il les mena dans son fort, où il les régala bien; puis les mit entre les mains de M. d'Erlach, et d'un des deux Le Vasseur, qu'il chargea de les reconduire dans leur pays. Il donna en même temps avis à Saturiova de ce qu'il venait de faire, ajoutant qu'il en usait ainsi pour rétablir la paix entre lui et Timagoa. Les instructions de ces deux envoyés portaient aussi de ne rien omettre pour s'assurer de la fidélité de Timagoa, d'aller ensuite trouver un grand chef nommé Outina, dont il paraît que Timagoa relevait, et

dont on lui avait fort exagéré la puissance, de le
saluer de sa part, et de faire alliance avec lui.

Cependant Saturiova ne pouvait digérer la manière dont il venait d'être traité, mais il fut assez
maître de lui pour dissimuler son ressentiment
jusqu'à ce qu'il eut trouvé une occasion favorable
de se venger. Il fit même dire au commandant de
la Caroline qu'il pouvait négocier avec Timagoa,
comme il le jugerait à propos, et qu'il en passe-
rait par tout ce qu'il aurait réglé. Il affecta de lui
donner plus de marques de confiance que jamais,
et il lui fit plusieurs présents. Son dessein était
d'écarter de lui toute défiance, afin de le surprendre plus aisément; mais un accident des plus
étranges que je ne rapporte même que sous la ga-
rantie de ceux qui prétendent en avoir été témoins,
fit juger au paraousti que le plus sûr, le plus avantageux pour lui était de bien vivre avec les Français.

Le 24 août, il tonna d'une manière si surpre-
nante à une demi-lieue de la Caroline, que non-
seulement l'air, mais les campagnes mêmes parurent en feu. Ce premier orage fut suivi de plusieurs autres qui se succédèrent de fort près pendant trois jours, et ce qu'il y eut de particulier,
c'est que la rivière en fut tellement embrasée,
qu'on la voyait bouillonner, et qu'une quantité
prodigieuse de poissons en moururent. Les forêts

prirent aussi feu en plusieurs endroits , et si subitement, que tous les oiseaux n'eurent pas le temps de se sauver, et qu'il en périt un grand nombre.

Les Français ne savaient que penser de ce qu'ils voyaient, quelques-uns s'imaginaient que les Sauvages , pour les contraindre de sortir de leur pays , avaient mis le feu à leurs campagnes et à leurs forêts, afin de leur ôter toute ressource, et de les faire périr de faim s'ils s'obstinaient à rester chez eux. Mais ces barbares se mirent bien d'autres imaginations dans la tête , et Laudonnière , qui s'en aperçut, n'eut garde de les désabuser. Ils ne doutèrent point que tout ce fracas ne fût un effet du canon des Français , et ils envoyèrent prier le commandant de le faire cesser au plutôt, afin d'arrêter l'embrasement général dont ils se croyaient menacés.

Ceux qui vinrent lui faire cette prière étaient sujets d'un des vassaux de Saturiova, auquel Laudonnière avait aussi demandé ses prisonniers, et qui s'obstinait à les refuser : ce commandant répondit à ses envoyés que les malheurs dont ils craignaient les suites avec tant de fondement, étaient le juste châtiment du mauvais procédé de leur maître , et que son dessein était de l'aller brûler lui-même dans sa cabane, s'il persistait dans son refus. Ce stratagème eut tout le succès que Laudonnière s'en était promis : le paraousti,

sans différer d'un moment, lui envoya ses prisonniers, et peu de temps après le feu s'éteignit. Les
Français l'avaient bien prévu, mais le chef sauvage était encore si effrayé, qu'il s'enfuit à vingt-
cinq lieues de là, et fut deux mois sans reparaître. Cependant l'air était si échauffé, et l'eau de
la rivière si infectée de la prodigieuse quantité de
poissons morts dont elle était couverte, que la
plupart de ceux qui en burent alors tombèrent
malade ; mais aucun Français n'en mourut.

Le dix de septembre, MM. d'Erlach et Le Vasseur partirent avec un sergent et dix soldats, pour
ramener à Timagoa tous les prisonniers dont nous
avons parlé. Après s'être acquitté de leur commission, ils allèrent jusque chez Outina, qui demeurait à quatre-vingt-dix lieues de la Caroline,
et ils furent reçus de ce paraousti avec de grandes
démonstrations de joie. Il se préparait à marcher
contre un de ses ennemis, nommé Potanou, et il
engagea M. d'Erlach à l'accompagner dans cette
expédition ; mais cet officier ne se fit suivre que
de la moitié de son escorte, et renvoya le reste au
fort avec Le Vasseur. Il chargea celui-ci d'une
lettre pour le commandant, à qui il demanda ses
ordres, par rapport au séjour qu'il devait faire auprès d'Outina.

Ce paraousti se mit, peu de jours après, en campagne avec peu de monde, parce qu'il croyait sur-

prendre son ennemi : mais il fut déconcerté de le voir venir à sa rencontre avec toutes ses forces. D'Erlach le rassura , et ayant du premier coup de fusil jeté par terre Potanou lui-même , toute cette grande armée perdit cœur et tourna le dos , quoique un Français eût aussi été tué d'une flèche à la première décharge. Il est vrai qu'il fut bien vengé : d'Erlach et Outina firent un grand carnage des fuyards , et emmenèrent quantité de prisonniers. A peine étaient-ils de retour chez Outina , qu'un bateau , envoyé par Laudonnière , vint chercher d'Erlach, auquel le paraousti fit de fort beaux présents ; il en envoya aussi au commandant des Français , et, parmi ceux-ci , il y avait des morceaux d'or et d'argent. Enfin il donna sa parole à d'Erlach , que si les Français avaient besoin de ses sujets , ils en trouveraient toujours six cents disposés à les servir envers et contre tous.

Ce qui avait obligé M. de Laudonnière à rappeler d'Erlach, c'est qu'il avait été averti d'une intrigue qui se tramait sourdement contre lui. Les volontaires , dont j'ai dit que plusieurs étaient gentilshommes , trouvaient fort mauvais que le commandant les employât aux mêmes travaux que les plus vils manœuvres, et tout le monde se plaignait de ce qu'il n'avait pas amené en Floride un seul ministre, de sorte qu'il ne se faisait aucun exercice public de religion. Mais ce qui causait surtout le mécontentement du grand nombre, c'est qu'on se voyait à la veille de manquer tout-à-fait de vivres. A quoi il faut ajouter qu'un aventurier avait persuadé à la plupart qu'il avait un secret pour trouver des mines d'or, et que le commandant ne lui avait pas voulu permettre d'en faire l'essai.

Cette conduite de Laudonnière, toute sage qu'elle était, avait été regardée comme une vraie tyrannie ; on disait hautement que l'intention du roi et de l'amiral était qu'on ne négligeât rien pour découvrir tout ce que le pays pouvait renfermer de richesses, et on ne cessait de répéter que ni M. de Coligny, ni Sa Majesté, n'avaient pas prétendu envoyer tant d'honnêtes gens en Amérique pour y être traités en esclaves et pour y mourir de faim. Ces discours passèrent bientôt des entretiens particuliers dans les assemblées publiques, et des murmures on en vint jusqu'à conspirer contre la vie du commandant, qui n'eut pas peu à faire pour se garantir des piéges qu'on lui tendit à diverses reprises.

Il jugea néanmoins que le plus mauvais parti qu'il pût prendre dans une conjecture si délicate, serait de mollir. Il commença par faire justice d'un malheureux qui abusait de sa confiance pour le trahir. Il renvoya ensuite en France ceux des mutins dont il croyait avoir le plus à craindre, et il profita pour cela d'un navire qui était arrivé en Floride au mois de septembre, et qui remit à la voile le dix de novembre. Il crut alors qu'il lui serait plus aisé d'être le maître, mais il se trompait. Le feu de la sédition non-seulement ne s'éteignit point, mais fit au contraire d'autant plus de progrès, que le commandant se persuada trop tôt que les factieux n'avaient plus de chefs. Il ne tarda pas à reconnaître son erreur, et il prit d'autres mesures pour faire avorter tous ces complots. Il choisit tous ceux dont il jugeait devoir se défier davantage, il les envoya, sous la conduite d'un gentilhomme, nommé La Rocheferrière, à Outina, avec ordre d'achever la découverte de ce canton, et retint auprès de lui MM. d'Ottigny et d'Erlach, ses deux premiers officiers, et qu'il savait être très-affectionnés à sa personne.

Ces précautions étaient sagement prises ; mais Laudonnière n'avait pas connu tous les mécontents. Peu de jours après le départ de La Rocheferrière, treize matelots enlevèrent une des deux barques dont on se servait pour aller chercher des vivres, et disparurent. Deux charpentiers, nouvellement arrivés de France, se saisirent de l'autre, et on n'a jamais pu savoir ce qu'ils étaient devenus. Comme on ne pouvait se passer de semblables bâtiments, Laudonnière en fit construire deux autres ; mais ils n'étaient pas achevés, lors-

qu'une révolte déclarée priva encore le commandant de cette ressource, et fît perdre à la colonie
la moitié de ses habitants.

Un Génevois, nommé Etienne, et deux Français, qui avaient nom Des Fourneaux et La Croix,
mirent en tête à quelques volontaires, et à un
grand nombre de soldats, d'aller faire la course
sur les Espagnols, en leur persuadant que la prise
d'un vaisseau de cette nation, ou le pillage de la
moindre bicoque, suffiraient pour les enrichir à
jamais. La partie fut bientôt liée, et le nombre de
ces nouveaux corsaires fut de soixante-six, parmi
lesquels il y en eut quelques-uns qui s'enrôlèrent
plutôt par la crainte des mauvais traitements, dont
les séditieux les avaient menacés, que par le désir et l'espérance d'une meilleure fortune. Les
préparatifs se firent avec beaucoup de secret; et
un jour que le commandant était au lit, malade,
cinq des plus déterminés, bien armés, entrèrent
dans sa chambre; quatre s'arrêtèrent à la porte,
et un seul, s'approchant de son lit, lui déclara
qu'ils étaient résolus d'aller croiser le long des
îles espagnoles.

Il leur répondit qu'avant d'exécuter un pareil
projet, il y avait bien des réflexions à faire, et
qu'ils ne pouvaient ignorer les défenses expresses
qu'il avait du roi et de la reine régente, de souffrir qu'aucun de ceux qui étaient sous ses ordres

entreprît rien sur les colonies castillanes. « Tout est considéré, répliqua le séditieux, c'est un parti pris, sans retour, et vous vous y opposerez en vain. » Des juremens exécrables suivirent cette insolente réplique, et les quatre autres s'étant avancés en jurant aussi, ils se mirent à fureter dans tous les coins et recoins de la chambre, où ils ne laissèrent rien qui pût leur être de quelque utilité. Ils blessèrent même un gentilhomme qui était accouru au bruit, et qui se mettait en devoir de réprimer ces violences.

Ils firent plus : ils se saisirent de la personne de leur commandant, et le transportèrent dans un bâtiment, qui était à l'ancre vis-à-vis du fort, où ils le gardèrent à vue pendant quinze jours, avec un valet qu'ils lui avaient laissé pour le servir. Ils en voulaient surtout à un sergent, nommé La Caille, et ils avaient résolu de s'en défaire ; mais il leur échappa, et alla se cacher dans le bois. Enfin ils dressèrent une commission, telle qu'ils la voulaient, pour aller croiser dans le golfe Mexique, et ils la portèrent au commandant, qu'ils forcèrent, le poignard sur la gorge, de la signer. Ils contraignirent, de la même manière, un des deux Le Vasseur à leur livrer son pavillon, et un autre pilote, appelé Trenchant, à les accompagner.

Ils avaient armé les deux nouveaux bateaux, et

ils mirent à la voile le huit de décembre. Leur dessein était d'aller droit à l'île espagnole, et de piller Yaguana, ville alors considérable, dont on voit encore quelques ruines à deux lieues de Léogane, et ils comptaient de prendre si bien leurs mesures, qu'ils y arriveraient la nuit de Noël pour faire leur attaque, tandis que tout le monde serait à l'église. Mais ils étaient encore dans la Rivière-de-Mai que la division se mit parmi eux, comme il arrive presque toujours à ceux qui ont secoué le joug de l'autorité légitime. Après de grandes contestations, les deux bateaux se séparèrent : l'un suivit la côte, pour traverser à l'île de Cuba ; l'autre tira droit au large pour ranger les îles Lucaye ; et il y a bien de l'apparence que ce dernier périt en mer, du moins on n'en a jamais eu la moindre nouvelle.

Le premier, où était le pilote Trenchant, et qui était commandé par un nommé d'Oranger, rencontra au bout de quelques jours un brigantin espagnol, chargé de vin et de cassave, dont il se rendit maître, et dans lequel d'Oranger fit passer tous ceux qui l'embarrassaient dans son bateau, avec une partie des vivres. Ensuite nos aventuriers gagnèrent la côte occidentale de l'île espagnole, s'y rafraîchirent dans un hâvre proche d'Yaguana, y radoubèrent leur prise qui faisait eau, et passèrent à Baracoa, dans l'île de Cuba.

Ils trouvèrent dans ce port une caravelle de cinquante à soixante tonneaux, où il n'y avait personne, s'en emparèrent, et laissèrent leur bateau
à sa place. De là, ils rabattirent sur l'île espagnole, et enlevèrent, près du cap Tiburon, une
patache richement chargée, où était le gouverneur de la Jamaïque avec ses deux fils, qui demeurèrent leurs prisonniers.

Ils comptaient bien d'en tirer une bonne rançon, mais comme ils se furent approchés de la
Jamaïque, le gouverneur s'avisa, pour se tirer de
leurs mains, d'un stratagème qui lui réussit. Il
leur proposa d'envoyer à sa femme un de ses fils
avec une lettre, qui lui apprendrait sa captivité,
et rapporterait la somme dont il était convenu
avec eux pour sa rançon. Ils donnèrent dans un
piége si grossier, et le gouvernement ayant montré à d'Oranger une lettre qui ne contenait que ce
que je viens de dire, donna au porteur des ordres
secrets, dont l'exécution fut prompte. Quelque
temps après, à la petite pointe du jour, nos corsaires furent bien étonnés de se voir investis par
trois bâtiments bien armés, et où il y avait beaucoup de monde. La partie était trop inégale pour
tenter un combat : la caravelle où était d'Oranger
avec le gouverneur Castillan, fut obligée de se
rendre; le brigantin qui portait vingt-cinq hommes, eut le temps de couper son cable et de pren-

dre le large : il fut poursuivi mais un peu tard, et il ne put être joint. Il doubla le cap de Saint-Antoine, qui est la pointe occidentale de Cuba ; puis il rangea toute la côte septentrionnale de cette ile.

Alors le pilote Tranchant, qui le commandait, s'étant concerté avec quelques matelots du nombre de ceux qu'on avait embarqués par force aussi bien que lui, prit le temps de la nuit pour traverser au canal de Bahame, dans lequel il entra avant que les autres s'en aperçussent. Ils furent bien étonnés lorsqu'ils reconnurent les terres de la Floride, mais il n'y avait plus moyen de s'en dédire. Ils manquaient de vivres, et ne savaient où en aller chercher ; ce fut donc une nécessité pour eux de se laisser conduire, et ils n'étaient plus qu'à quelques lieues de la Rivière-de-Mai, lorsque M. de Laudonnière fut averti par des sauvages, qu'il paraissait un bâtiment sur lequel il y avait des Français.

Peu de temps après, le brigantin mouilla l'ancre à l'entrée du fleuve, et la nouvelle en étant venue à la Caroline, le gouverneur envoya ordre à Tranchant de s'approcher du fort. Les séditieux voulurent s'y opposer, mais un détachement de trente soldats étant venu saisir les quatre plus mutins, les autres se laissèrent prendre, et on leur mit les fers aux pieds et aux mains. Le procès des premiers était déjà instruit, et le conseil de guerre les avait condamnés à être pendus. Dès que le brigantin eut jeté l'ancre devant le fort, on fit débarquer tout le monde, et M. de Laudonnière parut à la tête des troupes, pour faire exécuter la sentence portée contre les quatre chefs de la révolte.

Ces malheureux, ne voyant plus d'espérance d'éviter le supplice qu'ils avaient si bien mérité, se mirent à prier Dieu. Il y en eut pourtant un qui, se tournant vers les soldats, leur tendit les bras en s'écriant : « Eh, quoi! mes camarades, souffrirez-vous que nous périssions de la sorte? » Le commandant lui répondit que les soldats du roi ne reconnaissaient point de rebelles pour leurs compagnons. Il ne laissa pourtant pas de se faire un petit mouvement parmi les troupes, et plusieurs demandèrent que la peine des criminels fut commuée. Laudonnière se fit beaucoup prier avant d'y consentir ; enfin il accorda qu'ils fussent passés par les armes, à condition néanmoins qu'après leur mort leurs cadavres seraient attachés à un gibet. L'exécution se fit sur-le-champ. Le Génevois Etienne, La Croix et Des Fourneaux étaient du nombre de ces quatre; je n'ai point trouvé le nom du quatrième.

Tandis que la Floride française se dépeuplait ainsi, elle se découvrait de plus en plus. La Ro-

cheferrière avait pénétré jusqu'à des nations voisines des montagnes d'Apalache, avait fait alliance
avec plusieurs paraoustis, et, sans s'embarrasser
beaucoup d'Outina, à qui ces négociations ne faisaient point de plaisir, il était revenu à la Caroline avec de fort beaux présents pour M. de Laudonnière, de la part de ses nouveaux alliés. Ce
commandant conçut de grandes espérances de ces
découvertes, d'autant plus que, parmi les présents qu'il venait de recevoir, il y avait des choses assez précieuses. C'était de petites plaques
d'or et d'argent, des morceaux prétendus des mines, des carquois bien travaillés, des peaux fines,
des flèches armées d'or, des tapis d'un tissu de
plumes d'oiseaux, dont le travail était assez déli-
cat, des pierres bleues et vertes figurées, des haches faites de ces pierres, et d'autres raretés dans
le même goût. Un soldat, nommé Pierre Gambie,
était aussi allé, avec la permission du commandant, découvrir le pays d'un autre côté, mais
comme il s'en revenait assez bien fourni de marchandises, qu'il avait reçues en échange de curiosités d'Europe, il fut assassiné dans sa pirogue
par deux sauvages qui s'étaient offerts à lui pour
le conduire.

On apprit en même temps qu'assez loin de la
Caroline vers le sud, il y avait deux européens
chez un paraousti, appelé Onathaca, et Laudon-

nière les lui envoya demander en payant leur
rançon. Le paraousti ne fit nulle difficulté de les
lui remettre à cette condition, et ils furent ame-
nés au fort. C'était deux Espagnols, qu'on présenta au commandant tout nus, ayant des cheveux qui les couvraient assez bien jusqu'aux
genoux. On commença par les habiller, on leur
coupa ensuite les cheveux, qui étaient fort sales
et mal en ordre; un des deux avait caché sous les
siens un morceau d'or, qui valait environ vingt-
cinq écus, et ni lui ni son compagnon ne voulurent pas souffrir qu'on jetât les cheveux qu'on
leur avait coupés; ils les conservèrent précieuse-
ment, pour les envoyer à leurs familles, comme
un monument de la longue captivité qu'ils avaient
soufferte.

Ces deux hommes racontèrent qu'outre Onathaca, qui faisait sa résidence sur la côte orien-
tale de la presqu'île de la Floride, il y avait à la
côte occidentale un autre cacique, nommé Calos,
lequel n'était pas moins puissant que le premier,
et le surpassait beaucoup en richesses. Aussi
était-il à la source des mines d'où sortaient tout
l'or, l'argent et les pierreries qu'on avait trouvés
dans la Floride; la plupart des vaisseaux, qui
avaient fait naufrage en revenant de l'Amérique,
ayant échoué près de son canton. Les deux Espagnols assurèrent que ce sauvage avait creusé

6

une fosse de six pieds de profondeur sur trois de large, qu'il avait remplie de toutes sortes de richesses; qu'il y avait actuellement dans sa bourgade quatre ou cinq femmes de condition avec leurs enfants, qui avaient fait naufrage avec eux; il y avait environ quinze ans que ce barbare avait trouvé le moyen de persuader à ses sujets que toutes ses richesses étaient le fruit du pouvoir qu'il avait de les faire produire à la terre, et que tous les ans, au temps de la récolte, il sacrifiait un homme, qui était ordinairement un de ceux que quelque tempête avait livré entre ses mains.

Ils avertirent ensuite les Français de ne point se fier aux Floridiens, que ces sauvages n'étaient jamais plus à craindre que quand ils faisaient plus de caresses. Ils ajoutèrent qu'ils répondaient bien de se rendre maîtres de tous les trésors de Calos, si on voulait leur donner cent hommes bien armés. Un des deux dit encore qu'ayant souvent été envoyé par Onathaca, son maître, à ce cacique, il avait découvert sur la route, à peu près à moitié chemin, un grand lac d'eau douce, appelé Serropé, au milieu duquel il y avait une île dont les habitants faisaient un très-grand commerce des dattes de leurs palmiers, et plus encore d'une certaine racine dont on faisait du pain et dont il ne savait pas le nom.

Peu de temps après l'arrivée de ces Espagnols, Saturiova fit solliciter de nouveau M. de Laudonnière de se joindre à lui pour aller combattre Outina et Timagoa, ou du moins de rappeler les Français qui étaient demeurés chez le premier, et dont la seule considération, disait-il, l'empêchait depuis quelque temps de porter ses armes de ce côté-là. Plusieurs autres paraoustis appuyèrent sa demande ; mais le commandant jugea plus convenable à la situation où il se trouvait, de travailler à réconcilier ces nations entre elles, que de prendre parti pour les unes contre les autres, et il vint enfin à bout de leur faire conclure un traité, dont il songea aussitôt à profiter pour se fortifier contre ceux qui voudraient entreprendre quelque chose contre les intérêts ds sa colonie.

Son premier soin ensuite, et c'était par où il aurait dû commencer en arrivant dans la Floride, fut de remplir ses magasins, persuadé par une trop fâcheuse expérience que le plus sûr moyen de prévenir les mutineries parmi de nouveaux colons est de les entretenir toujours dans l'abondance et de les occuper à des exercices qui tournent à leur profit. Il fit en même temps ajouter de nouveaux ouvrages à son fort, et il le mit entièrement hors d'insulte de la part des sauvages, les seuls ennemis contre lesquels il croyait devoir se précautionner. Après quoi il envoya de nouveau le sieur d'Ottigny, son lieutenant, à la découverte du pays.

Cet officier pénétra jusqu'au bord d'un lac, dont on ne voyait point l'extrémité, même de la cîme des plus grands arbres, où l'on prétend que le sable est mêlé de quelques grains d'argent. En retournant à la Caroline, il fit plusieurs détours dans un très-beau pays, puis se rendit chez Outina, à qui son arrivée fit beaucoup de plaisir et à qui il ne pût se défendre de laisser quelques-uns de ceux qui l'accompagnaient.

Deux mois après, un de ces Français, nommé Groutaut, arriva au fort, et fit à M. de Laudonnière, de la part d'un paraousti voisin d'Outina, une proposition fort spécieuse. Ce fut de rendre les Français maîtres des montagnes d'Apalache, s'ils voulaient l'aider à en chasser un de ses ennemis, qui en était en possession. Le commandant eût bien voulu profiter de cette offre, car il avait toujours dans l'esprit que ces montagnes renfermaient des mines ; mais comme il ne lui restait guère de monde que ce qu'il lui en fallait pour garder sa place, il crut devoir attendre le secours qu'on lui avait fait espérer de France, avant de répondre à ce paraousti ; il ne songeait donc plus à se mêler des affaires des sauvages, lorsque des envoyés d'Outina vinrent lui demander, de la part de leur maître, douze ou quinze de ses gens, pour les mener contre Potanou, avec qui il venait de rompre de nouveau.

Il ne voulut rien décider sur cette demande, sans avoir consulté les principaux officiers, dont le plus grand nombre fut d'avis qu'il fallait contenter Outina. Ceux qui parlaient de la sorte s'appuyaient de l'exemple des Espagnols, qui n'avaient fait, disaient-ils, de si grandes conquêtes dans le Nouveau-Monde, qu'en affaiblissant les naturels du pays les uns par les autres. Ils ajoutèrent même qu'au lieu de douze hommes que demandait Outina, il fallait lui en envoyer trente, afin qu'il fussent en état de se soutenir par eux-mêmes au milieu des sauvages ; ajoutant qu'il ne fallait jamais compter sur l'amitié et la bonne foi de ces barbares, lors même qu'on leur rendait service, qu'autant qu'on était assez fort pour ne rien craindre.

Laudonnière goûta cet avis, et d'Ottigny fut commandé avec trente hommes pour aller joindre Outina, lequel n'eut pas plutôt reçu ce renfort, qu'il se mit en campagne avec trois cents de ses sujets. Après que cette petite armée eut marché deux jours, Outina eut avis qu'il était découvert, ce qui l'inquiéta beaucoup. Il consulta son ionas, pour savoir s'il devait aller plus loin, ou retourner sur ses pas. Le jongleur, après bien des grimaces

6.

et des contorsions, lui dit que Potanou l'attendait avec deux mille hommes, et des cordes pour le lier, lui et tous ses gens ; sur quoi il ne balança point à ordonner la retraite.

D'Ottigny, au désespoir de manquer une si belle occasion de faire connaître aux Floridiens la différence qu'il y a entre eux et les Français, après avoir inutilement épuisé toute son éloquence pour faire reprendre cœur à ces barbares, leur dit que puisqu'ils l'abandonnaient ainsi dans une occasion où il ne tenait qu'à eux d'acquérir beaucoup de gloire, il allait avec sa seule troupe attaquer Potanou, et qu'il ne demandait qu'un guide pour le conduire à l'ennemi. Ce discours produisit tout l'effet que d'Ottigny en avait espéré ; Outina eut honte de sa lâcheté ; on marcha à l'ennemi, et on le rencontra précisément à l'endroit et avec le même nombre de troupes que le jongleur avait marqué. On ne balança pourtant point à charger d'abord, et la mousqueterie des Français fit une si terrible exécution sur les premiers rangs de Potanou, que toute son armée se débanda en un instant. Outina, malgré un succès si peu espéré, n'osa poursuivre les fuyards, et d'Ottigny, voyant qu'il n'y avait ni honneur ni profit à espérer avec de tels guerriers, laissa douze hommes à son allié, et regagna en diligence la Caroline.

Il trouva M. de Laudonnière dans un grand

embarras : ce commandant avait compté recevoir des secours de France au plus tard dans le mois d'avril, et n'avait de provisions que ce qu'il lui en fallait pour attendre ce terme. Pour surcroît de disgrâce, les sauvages commençaient à ne plus faire tant de cas des curiosités d'Europe, et vendaient fort cher tout ce qu'on était obligé d'acheter d'eux. Cependant le mois de mai se passa, sans qu'il vînt aucune nouvelle de France; alors la famine fut extrême dans la Caroline; le gland y était devenu la nourriture ordinaire, il manqua même bientôt, et l'on fut réduit à chercher dans la terre des racines qui suffisaient à peine pour traîner une vie languissante. Il semblait que tous les éléments eussent conspiré contre tous ces infortunés colons, le poisson disparut de la rivière, et le gibier des forêts et des marais.

Les sauvages, à qui l'on ne pouvait cacher cette extrémité, et qui n'avaient guère eux-mêmes que le nécessaire, mirent à un prix exorbitant le peu dont ils voulurent bien se priver, et quand ils n'eurent plus rien à vendre, ils s'éloignèrent. On alla les chercher dans les bois, on se mit à leur discrétion, et on en essuya plus d'une fois des rebuts et des insultes. Il arriva même qu'un paraousti ayant su qu'un Français avait de l'or, le fit assassiner, et enleva sa dépouille. Laudonnière ne crut pas devoir laisser impuni cet attentat, et il

envoya brûler le village où demeurait ce barbare ;
celui-ci s'y était bien attendu, et on ne trouva que
des cabanes vides, fort aisées à réparer.

Dans le désespoir où tant de malheurs mirent
tout le monde, il fut proposé par quelqu'un d'aller
se saisir d'Outina, pour le contraindre à donner
des vivres. Le commandant s'opposa autant qu'il
le put à une résolution dont il prévoyait les
suites ; mais des gens que la faim gourmande
n'écoutent rien. Laudonnière voyant donc qu'une
plus grande résistance ne servirait qu'à compro-
mettre son autorité ; faisant d'ailleurs réflexion
que ses meilleurs soldats étaient tombés dans
une langueur qui les rendait incapables du moindre service ; que les maladies, causées par les
mauvaises nourritures, augmentaient chaque
jour, et que plusieurs en étaient déjà morts, se
vit comme forcé de se charger lui-même de l'exécution d'un projet qu'il détestait, et dont il n'au-
gurait rien de bon.

Ses pressentiments se trouvèrent justes : Outina
fut enlevé, mais on n'y gagna rien, toute sa nation prit les armes, et on se vit au moment d'a-
voir sur les bras une guerre qu'on n'était nullement en état de soutenir. Il fallut négocier, et
rendre la liberté à Outina pour très-peu de chose,
et l'on ne tarda point à ressentir les mauvais
effets d'une démarche sur l'injustice et le dan-

ger de laquelle le désespoir avait fermé les yeux d'une multitude affamée. Laudonnière fut attaqué dans sa retraite, on lui tua deux hommes, on lui en blessa plus de vingt, et le peu de vivres qu'on lui avait donné pour la rançon d'Outina fut repris. Le combat dura presque tout le jour, qui fut le 27 de juillet, et les sauvages y firent paraître une conduite et une résolution dont on ne les avait pas encore cru capables. Dès qu'ils voyaient nos mousquetaires prêts à tirer, ils se couchaient sur le ventre avec une promptitude sans pareille, et ils perdirent en effet peu de monde. MM. d'Ottigny et d'Erlach firent, dans cette rencontre, des actions dignes d'une plus juste et d'une plus noble expédition, et sans eux, Laudonnière, qui de son côté montra beaucoup d'intrépidité, eut eu bien de la peine à se tirer de ce mauvais pas.

Une assez bonne provision de mil, qu'un des deux Le Vasseur lui amena peu de temps après son retour à la Caroline, de la Rivière-de-Somme, le consola un peu de son malheur; mais comme il n'osait pas se flatter de recevoir souvent de pareils secours, il résolut de profiter de celui-ci pour repasser en France. Il commençait déjà à diposer toutes choses pour ce voyage, lorsque le 3 d'août, quatre voiles parurent à la vue de la Caroline. La joie fut grande à cette vue, parce qu on ne douta point que ces bâtiments ne vinssent de France ; mais on ne fut pas long-temps dans une si agréable erreur ; c'étaient des Anglais qui cherchaient à faire de l'eau , dont ils avaient un extrême besoin. Ils étaient commandés par un officier nommé Jean Hawkins, fort honnête homme, et qui, bien loin d'abuser du triste état où il trouva les Français, fit, au contraire, tout ce qu'il put pour les soulager, surtout quand il reconnut qu'ils étaient protestans.

Il commença par envoyer demander au commandant de la Caroline la permission de faire de l'eau ; et, l'ayant obtenue sans peine, il vint, seul et sans armes, lui rendre visite. Laudonnière le reçut comme le demandaient de si bonnes manières ; il régala son hôte de quelques volailles , qu'il avait réservées pour le plus pressant besoin ; et Hawkins, de son côté, fournit le pain et le vin, dont aucun des nôtres, pas même le commandant, n'avait goûté depuis six ou sept mois. Cette bonne intelligence entre des gens qui parurent aux sauvages être de la même nation, rendit ces barbares plus humains , et soit crainte , soit intérêt, ils se rapprochèrent, et apportèrent des vivres de toutes parts.

Laudonnière en avait déjà acheté des Anglais, aussi bien que des munitions et des hardes , et non-seulement Hawkins lui en avait fait un bon

prix, mais il y avait ajouté quantité de présents.
Il lui avait offert de plus de passer en France avec
tout son monde. Un peu de défiance peut-être,
ou quelque autre raison que je ne sais point, l'em-
pêchèrent d'accepter cette offre, mais, comme il
était persuadé que ni la cour ni M. l'amiral ne
s'intéressaient plus guère à la Florilde, il continua de travailler à mettre le brigantin espagnol
dont nons avons parlé en état de tenir la mer,
résolu de s'embarquer au plus tôt.

Hawkins, à qui il ne dissimula point ce dessein, visita ce bâtiment, et le trouva fort mauvais ; il renouvela ses offres, et Laudonnière
persistant dans son refus, il le pressa d'acheter
un de ses vaisseaux. Le commandant fit d'autant
moins de difficultés d'y consentir, que la garnison
lui déclara nettement qu'elle ne voulait pas différer davantage à sortir du pays, où elle serait
toujours en danger de mourir de faim. Chose éton-
nante, que parmi tant de moyens de subsister
que la disette extrême des vivres avait fait ima-
giner, il ne fût venu en pensée à personne de
s'assurer de ne jamais retomber dans ce fâcheux
état ; en cultivant la terre ! tant la fainéantise,
quand elle est passée en habitude, est difficile à
surmonter. D'ailleurs on avait perdu toute espérance de découvrir des mines dans la Floride, et
on s'était dégoûté d'un pays, où l'on ne pouvait

compter de vivre à son aise, qu'autant qu'on le ferait valoir par un pénible travail.

Cependant les Anglais mirent à la voile peu de jours après que leur général eut livré un de ses vaisseaux à M. de Laudonnière, et les Français ne songèrent plus qu'à se disposer à leur voyage. Tout fut en état le quinze d'août, et l'on n'attendait plus que le vent pour appareiller, mais, par malheur, ce vent si désiré ne vint que le vingt-huit. On se hâta d'en profiter, et l'on était occupé à lever les ancres, lorsqu'on découvrit plusieurs voiles. Laudonnière envoya aussitôt une barque pour les reconnaître; mais la barque, ayant abordé le commandant, ne revint point, ce qui donna à penser à tout le monde. Laudonnière rentra, sans différer, dans son fort, et fit travailler avec une extrême diligence à se mettre en état de pouvoir s'y défendre au moins quelque temps.

Ce n'était pas une chose aisée; car avant d'évacuer cette place, on en avait ruiné presque toutes les défenses, dans la crainte que les Espagnols ou les Anglais ne vinssent s'y établir, ou que les sauvages mêmes ne s'y cantonnassent pour empêcher les Français d'y rentrer. Le lendemain matin, on aperçut, à l'entrée de la rivière, sept barques toutes pleines de gens armés, le morion en tête et l'arquebuse en état. Elles remontèrent jusque vis-à-vis de la Caroline, voguant en ordre de ba-

taille, et quelque demande que fissent les sentinelles, personne ne répondit. On leur tira quelques coups de fusils, mais elles étaient hors de
portée; on allait leur lâcher une volée de canons,
lorsque quelqu'un s'étant levé cria que c'était
M. de Ribaut.

La surprise fut grande dans le fort, et la joie
mêlée de quelque· crainte. Laudonnière croyait
n'avoir rien à se reprocher, mais il n'y a qu'au
tribunal de Dieu que le témoignage de la conscience rassure parfaitement, et cette façon d'agir
d'un homme, avec qui il avait toujours été en
bonne intelligence, ne lui permettait pas de dou-
ter qu'on ne l'eût desservi auprès de M. l'amiral
ou du roi même. Il apprit bientôt de la bouche de
M. de Ribaut que sa crainte était fondée; car,
l'ayant prié en particulier de s'expliquer avec lui
sans déguisement, ce général lui fit un grand détail de tout ce qui avait été dit et mandé à la cour
à son désavantage.

Les principaux griefs étaient qu'il tranchait
tellement du souverain et gouvernait d'une manière si tyrannique, qu'il n'y avait plus personne
en Floride qui voulût y servir sous ses ordres;
qu'il regardait ce pays comme sa conquête et son
domaine; qu'il n'y avait pas un moment à perdre
si on voulait le conserver au roi; qu'il était même
nécessaire pour cela d'avoir la force en main; et

que le moins qu'il y avait à craindre, si Sa Majesté différait de prendre ces mesures, était que les Français de la Floride ne se fissent justice eux-mêmes, comme il était arrivé à Charles-Fort, au sujet du capitaine Albert, et ne cherchassent ensuite l'impunité de leur crime dans la révolte, en se donnant à quelqu'autre puissance; enfin que sa fidélité était suspecte.

C'était en effet là les raisons qui avaient engagé le roi à faire armer sept navires, et à en donner le commandement au sieur de Ribaut. La réputation où l'on avait mis la Floride en France, le bruit d'un armement si considérable et la confiance que l'on avait au général, avaient causé un véritable empressement à y prendre parti; d'autant plus que la paix laissait sans emploi un grand nombre de gentilshommes et d'officiers, qui furent charmés de trouver cette occasion de ne pas perdre le fruit de leurs services passés. On verra même dans la suite que l'amiral de Coligny n'avait pas eu cette fois-ci la même attention à exclure les catholiques que dans les autres armements, au moins parmi les soldats et les matelots.

Les commencements de cette expédition ne furent pas heureux : la flotte, étant encore mouillée dans la rade de Dieppe, essuya un coup de vent si furieux, qu'elle fut obligée de faire vent arrière, et qu'elle courait risque de périr, si elle n'eût

rencontré le port du Hâvre-de-Grâce , pour s'y
mettre à l'abri de la tempête. Elle en partit le
quatorze de juin, et une seconde tourmente la contraignit de relâcher à Portsmouth. Elle fut ensuite
plus de deux mois à gagner la Floride, et M. de
Ribaut s'amusa encore plus de deux mois en différents endroits de la côte , avant d'entrer dans la
rivière de Mai. Peut-être voulait-il s'assurer des
sauvages de ces cantons, au cas qu'il trouvât de
la résistance de la part du commandant de la Caroline.

Quoiqu'il en soit dès qu'il se fut ouvert à celui-
ci des soupçons de la cour , il demeura convaincu
par ses réponses et par le témoignage des principaux officiers, qu'on en avait imposé au roi et à
M. l'amiral. Il n'oublia rien ensuite pour engager
Laudonnière à demeurer avec lui en Floride, jusqu'à lui offrir de lui laisser le commandement de
la Caroline, et d'aller se placer ailleurs; mais il
le trouva ferme dans la résolution de passer en
France pour s'y justifier, et il n'insista pas davantage ; il lui rendit même une lettre de M. de
Coligny par laquelle ce seigneur, sans lui rien
témoigner des accusations qu'on avait faites contre lui, l'invitait à venir informer le roi et son
conseil des moyens qu'il jugeait les plus propres
pour établir solidement la nouvelle colonie.

Cependant au premier avis qu'avaient eu les

sauvages de l'arrivée de la flotte française, ils s'étaient rendus en grand nombre à la Caroline. Quelques-uns ayant reconnu M. de Ribaut à sa barbe, qu'il portait toujours fort longue, lui témoignèrent une grande joie de son retour, et lui firent une quantité de présents, parmi lesquels il y avait un très-gros morceau de mine qui se trouva d'un bon or. Ils ajoûtèrent que, s'il voulait, ils le mèneraient à des montagnes où il y avait de ce métal en abondance. Le général était bien résolu de s'assurer une bonne fois de la vérité sur des points de cette importance, mais il eut bientôt d'autres occupations que celle d'aller visiter les montagnes d'Apalache. Il avait fait sonder la rivière, et il ne s'y était pas trouvé assez d'eau pour ses quatre plus gros navires, qu'il fut obligé de laisser dans la rade, et il fallut se servir des chaloupes pour en tirer les provisions dont on avait besoin dans la Caroline. Cela fait, il songea à réparer le fort, et comme il mit presque tout son monde en œuvre, les travaux avancèrent beaucoup en peu de jours.

V

DON PEDRO MENENDEZ DE AVILEZ.

Ils n'étaient point encore achevés, lorsque le quatre de septembre, vers les quatre heures du soir, six navires espagnols vinrent mouiller dans la rade, assez près des quatre vaisseaux français, qui y étaient resté. Cette escadre était commandée par don Pedro Menendez de Avilez, chevalier de Saint-Jacques, commandeur de Santa Cruz de la Carça : mais pour entendre ce que j'ai à dire dans la suite, il faut reprendre les choses de plus haut.

Cet officier, que les historiens de sa nation nous représentent comme un des plus grands hommes qu'elle ait eus dans le nouveau monde, se trouvant à la cour d'Espagne embarrassé dans des affaires fâcheuses que les ennemis lui avaient suscitées, fut assez étonné de recevoir de la bouche même du roi Philippe II, son maître, un ordre de se transporter en Floride, d'en visiter exactement toutes les côtes, et d'en dresser une carte exacte pour être mise entre les mains de tous les pilotes qui iraient désormais en Amérique, parce que les fréquents naufrages qui se faisaient au canal de Bahame et sur les côtes voisines étaient uniquement causés par le peu de connaissance qu'on avait eu soin de prendre des attérages.

Un commandement si imprévu fit reprendre cœur à Menendez, qui se croyait disgracié; mais la commission que le roi lui donnait lui parut trop limitée, et, pour en étendre les bornes, il dit à Sa Majesté qu'il ne connaissait rien de plus important pour son service que la conquête et l'établissement de la Floride; qu'il savait que ces immenses régions jouissaient d'un climat fort sain, et que les terres en étaient extrêmement fertiles; mais que quand bien même il n'y aurait aucun avantage solide à tirer pour l'État de la possession de ce beau pays, il était habité par des peuples ensevelis dans les épaisses ténèbres de l'infidélité; que Sa Majesté était obligée en conscience, comme légitime souverain de toute la Floride, de leur procurer la connaissance du vrai Dieu, puisque c'était cette condition que les souverains pontifs

avaient donné à ses ancêtres le domaine du nouveau
monde. « Pour moi, Sire, ajouta-t-il, l'aveugle-
ment de tant de milliers d'idolâtres m'a touché à
un point que de tous les emplois dont Votre Majesté peut m'honorer, il n'y en a pas un seul auquel
je ne préférasse celui de conquérir et de peupler
la Floride de véritables chrétiens. »

Le Roi loua son zèle, et agréa ses offres ; il fut
réglé qu'il conduirait cinq cents hommes en Floride avec des vivres pour un an, le tout à ses
frais, et sans que Sa Majesté ni ses successeurs
fussent tenus à son égard à aucun dédommage-
ment ; que dans l'espace de trois ans il aurait
conquis la Floride, et aurait fait une carte exacte
de toutes les côtes ; qu'outre les cinq cents hommes destinés à peupler la Floride, et parmi lesquels il y aurait cent laboureurs et quatre prêtres jésuites, il y porterait des chveaux et des
cavales, et de toutes les espèces de gros et de menu
bétail ; qu'il y établirait une audience royale,
dont il serait alguasil mayor ; qu'il formerait
deux ou trois bourgades, chacune de cent habitants et qui seraient défendues par de bons forts ;
qu'il pourrait aller, quand il jugerait à propos, à
l'île Espagnole, à Portoric, à Cuba, et venir même en Espagne, sans payer de droits, ni pour les
vivres, ni pour les provisions, ni pour les marchandises, excepté l'or, l'argent et les pierres

précieuses ; que pendant six ans il pourrait armer
deux gallions de cinq à six cents tonneaux, et deux
pataches de cent cinquante ou de deux cents ; que
toutes les prises qu'il ferait avec ces bâtiments
seraient à lui; qu'il aurait le titre perpétuel et hé-
réditaire d'Adelantade de la Floride, avec les
mêmes prééminences et prérogatives dont jouis-
sent ceux de Castille, et deux mille ducats d'ho-
noraires à prendre sur le revenu de la Province;
et que celui de ses enfants ou de ses gendres
qu'il nommerait pour son successeur jouirait des
même privilèges ; qu'il aurait un quinzième de
tout ce qui appartiendrait à Sa Majesté des revenus des mines, de l'or, de l'argent, des perles
et des fruits de la terre dans toutes ses conquêtes.
Enfin le vingt-deux mars de cette année le roi lui
fit délivrer des provisions de capitaine-général de
l'armement destiné pour la Floride.

Sur ces entrefaites, on eut avis pour la première
fois en Espagne que les huguenots de France
s'étaient établis depuis trois ans dans la Floride,
qu'on y avait construit des forts, et qu'on était
sur le point de leur envoyer un grand secours
d'hommes, de vivres et de munitions. L'Adelantade était allé faire un tour en Biscaye et dans les
Asturies, sa patrie, afin d'engager ses parents et
ses amis à lui fournir l'argent et les cautions nécessaires pour les frais de son entreprise ; il fut

mandé à la cour, et il s'y rendit en diligence,
laissant le soin de ses affaires entre les mains
d'Estevan de las Alas, et après avoir nommé
don Pedro Menendez Marquez, son neveu, amiral
de sa flotte, avec ordre de faire voiles incessam-
ment pour les Canaries, et de l'y attendre.

Il apprit en arrivant à la cour les nouvelles
qu'on venait de recevoir de France, et le roi lui
dit qu'ayant besoin de plus grandes forces pour
chasser les hérétiques de la Floride, il n'était pas
juste que cette augmentation de dépenses fût sur
son compte ; ainsi qu'il ferait expédier des ordres
pour qu'il trouvât prêts dans les Indes les deux
cents chevaux, quatre cents fantassins et trois navires de sa flotte, dont la paie pour quatre mois,
les vivres, les munitions, l'artillerie et toutes
les choses nécessaires, seraient fournies sur son
trésor. Menendez ayant alors représenté à Sa Majesté que ces nouvelles dispositions retarderaient
beaucoup son arrivée en Floride, et que tandis
qu'il serait occupé à faire ses préparatifs à l'île
espagnole et ailleurs, les hérétiques de France
auraient tout le temps de fortifier leur place, de
faire alliance avec les Florindiens, et de les disci-
pliner ; qu'il lui paraissait plus expédient au service de Sa Majesté qu'elle lui donnât deux galères
et deux galiotes de celles qui étaient sous les
ordres de don Alvare Baçan ; qu'avec ce renfort il

partirait au premier bon vent, et préviendrait le
secours de France ; qu'il entrerait dans le port le
plus proche de celui qu'occupaient les Français,
qu'il s'y fortifierait, qu'il s'attacherait les caciques
des environs ; et que, lorsqu'au printemps prochain, sa cavalerie arriverait, il serait en état de
tenir la campagne et d'attaquer l'ennemi avec
avantage, ou de l'obliger à abandonner le pays.

Son projet fut approuvé ; mais comme les Turcs
menaçaient alors l'île de Malte, le roi catholique
ne jugea pas à propos d'affaiblir son armée na-
vale, et ce prince donna des ordres pour suppléer
d'ailleurs à ce que demandait le capitaine-général.
Ces ordres, quoique précis, ne furent pourtant
pas exécutés en entier ; Menendez essuya même
de la part des officiers du conseil des Indes, plusieurs contretemps fâcheux, et ne put mettre à la
voile que le 29 juin. Sa flotte était composée du
galion le Saint-Pélage du port de neuf cent qua-
tre-vingt-seize tonneaux et de dix navires, dont
les épuipages montaient à neuf cent quatre-vingt-
quinze hommes, y compris les gens de guerre et
les mariniers, quatre prêtres séculiers, cent dix-
sept tant officiers qu'ouvriers, et une très-nom-
breuse artillerie, dont une partie était destinée
pour les forts que l'on devait construire en Floride.
Tout cela était aux frais de l'Adelantade, à
l'exception de deux cent quatre-vingt-dix-neuf

soldats, de quatre-vingt-quinze mariniers, et du pilote en chef. C'était aussi le roi qui avait frété le Saint-Pelage.

Cette flotte sortit du port de Cadix le 29 juin, mais une grande tourmente l'obligea bientôt à y rentrer, ce qui affligea beaucoup le capitaine-général, qui fondait tout le succès de son entreprise dans la diligence; mais il en fut un peu consolé par un renfort d'hommes que ce retardement lui procura, de sorte qu'étant arrivé aux Canaries, son armement se trouva composé de quinze cent quatre personnes, parmi lesquelles il y avait plusieurs gentilshommes des meilleures maisons de Biscaye, de Galice et des Asturies. Deux jours après son départ de Cadix, le capitaine Luna y arriva avec quatre-vingt-dix hommes, et s'embarqua sur une caravelle, qu'on lui fournit toute équipée. D'autre part, dom Estevan de las Alàs, lieutenant de Mendez, fit aussi embarquer dans les ports d'Avilez et de Gijon, deux cent cinquante-sept tant matelots que soldats sur trois navires, sous les ordres de l'amiral don Pedro Menendez Marquez, lequel fut encore pourvu de la charge de trésorier-général du roi, dans la Floride.

Enfin, comme on avait donné à cette expédition tout l'air d'une guerre sainte, entreprise contre les hérétiques, de concert avec le roi de

France, qui désavouait, disait-on, l'établissement de ses sujets de la religion prétendue réformée dans la Floride ; tant de gens se présentèrent pour avoir part à cette espèce de croisade, que toutes les forces réunies du capitaine-général se trouvèrent monter à deux mille six cents hommes, parmi lesquels il y avait douze religieux de Saint-François, onze prêtres et un laique, un religieux de la Merci, cinq ecclésiastiques, et huit jésuites. De sorte qu'avec ce que Menendez avait reçu du roi, son maître, en moins de quatorze mois, il se trouva avoir dépensé du sien un million de ducats.

Il ne s'arrêta point aux Canaries, mais il s'était à peine remis en mer, qu'une tempête dissipa sa flotte. Le capitaine et une patache disparurent, une grande chaloupe fut contrainte de rentrer dans le port, parce qu'elle faisait eau de toutes parts ; les navires, qui étaient sous les ordres d'Estevan de las Alas, avaient pris une autre route, et il n'en demeura avec le capitaine-général que cinq ; une seconde tourmente, qui survint le 20 de juillet, obligea de jeter à la mer une partie de leur charge. Le 9 août, Menendez prit terre à l'île de Portoric, après avoir fait, en passant, de nouvelles provisions à l'île Espagnole. Il y enrôla quarante-trois hommes, et il y apprit que M. de Ribaut avait pris les devants sur lui, mais qu'on avait remarqué que ce capitaine s'était amusé pendant plus de deux mois en différents endroits de la côte de la Floride.

Menendez se trouvait alors réduit à la troisième partie de son monde, et la plupart de ses soldats étaient sans expérience ; mais comme tous les officiers qui l'accompagnaient étaient gens de résolution, il assembla le conseil de guerre, auquel il représenta que ce n'était ni l'intérêt ni l'ambition qui l'avaient engagé dans cette entreprise, mais le seul zèle de la gloire de Dieu ; qu'il lui paraissait que le Tout-Puissant, en permettant que de toute la flotte avec laquelle il était parti de Teneriffe il ne lui restât que cinq navires, voulait que le succès d'une si glorieuse expédition ne pût être attribuée qu'à la force invincible de son bras, et que son avis était que, sans délibérer davantage, on fît voile pour la Floride, où il espérait surprendre les hérétiques, avant que le secours qu'ils attendaient les eût joint, et remporter sur eux une victoire complète.

Il pria néanmoins le conseil de lui dire ce qu'il pensait de sa résolution. Le maître-de-camp, don Pedro de Valdez, qui était son gendre, prit le premier la parole et fut de son avis ; la plupart des autres opinèrent de même ; mais quelques-uns, qui avaient à leur tête un capitaine nommé Jean de Saint-Vincent, et qui méditaient de passer au Pérou ou à la Nouvelle-Espagne, lui représentèrent que de vouloir ainsi brusquer l'entreprise avec si peu de monde, c'était se mettre en un péril évident de la faire échouer. A la fin cependant, comme ils virent que le plus grand nombre persistait dans l'avis contraire, ils firent au moins semblant de s'y rendre.

L'adelantade, au comble de la joie, se mit en mer, et, le 28 août, découvrit la terre de la Floride. La difficulté était de savoir si l'on était au nord ou au sud des Français, et, dans cette incertitude, on ne fit autre chose pendant quatre jours, que de courir des bordées au large et à terre. Le cinquième jour, l'adelantade aperçut quelques sauvages à la côte, et envoya son maître-de-camp, avec vingt arquebusiers, pour prendre langue. Dès que ces barbares virent approcher les chaloupes, ils se mirent en devoir de s'opposer à leur débarquement, puis se retirèrent au petit pas, ayant toujours leurs arcs bandés. Valdez n'osa les poursuivre, appréhendant quelque embuscade; mais comme il ne voulait pas s'en retourner, sans avoir eu quelques nouvelles des Français, il appela un de ses gens, qui avait mérité la mort, et qu'on avait réservé dans le dessein de s'en servir pour de pareilles occasions, il lui ordonna de quitter ses armes, il lui mit en main quelques marchandises, lui dit de suivre les sauvages, et lui

promit sa grâce, s'il pouvait tirer de ces barbares quelques lumières sur ce qu'on voulait
savoir.

Le soldat s'acquitta parfaitement de sa commission, et apprit que les Français étaient à vingt
lieues de là, en tirant au nord. Il engagea même
quelques sauvages à le suivre jusqu'au lieu où le
maître-de-camp s'était arrêté, et ils en furent bien
reçus. Ils lui demandèrent où était le général, et
Valdez leur répondit qu'il était resté sur son bord;
il les invita à l'y aller trouver, mais ils s'en excu-
sèrent; ils ajoutèrent que s'il voulait débarquer
et se reposer chez eux, il n'aurait pas lieu de s'en
repentir. Sur cette réponse, Valdez leur fit amitié
et se rembarqua. Le capitaine-général, sur son
rapport, ne balança point à mettre pied à terre;
il prit cinquante maîtres, et s'embarqua avec eux
dans ses chaloupes. Les sauvages ne l'eurent pas
plutôt aperçu qui s'avançait vers le rivage, qu'ils
jetèrent leurs armes et s'approchèrent en chantant,
et levant les mains au ciel. Menendez les caressa
beaucoup, il leur distribua de petits présents,
qu'ils reçurent avec reconnaissance, et leur fit
donner à manger; mais il ne put rien tirer d'eux
que ce qu'ils avaient déjà dit au maître-de-camp.

Il retourna donc à son bord, remit à la voile,
et après avoir fait environ huit lieues, il se trouva
le 28 août à l'embouchure de la rivière des Dau-

phins. Elle lui parut fort belle, et il lui donna le nom de Saint-Augustin, parce que ce jour on célébrait la fête de ce saint docteur. Il ne s'y arrêta pourtant point, il continua sa route, et le lendemain il aperçut quatre navires à l'ancre, ce qui lui fit juger que les Français avaient reçu le secours qu'ils attendaient. Il assembla aussitôt son conseil, qui fut d'avis de retourner à l'île Espagnole, et d'y attendre que toute sa flotte s'y fût réunie. Cette résolution le chagrina d'autant plus qu'il avait été découvert, qu'il ne faisait point de vent, que ses navires étaient en très-mauvais état, et qu'il avait tout à craindre s'il était poursuivi.

Il représenta donc qu'il lui paraissait plus à propos de surprendre les quatre vaisseaux français qui étaient mouillés dans la rade, où ils n'étaient apparemment restés que parce qu'ils ne pouvaient pas entrer dans la rivière où le fort était situé; que sans doute il y restait peu de monde, parce que le général les croyant en pleine sûreté, n'y aurait laissé qu'une partie des équipages; qu'après qu'il s'en serait rendu le maître, rien ne l'empêcherait plus d'entrer dans la rivière de Saint-Augustin, où il se fortifierait, tandis que quelques-uns de ses vaisseaux iraient à l'île Espagnole, pour y donner avis de sa situation à ceux de sa flotte qui s'y seraient rendus, et pour y prendre les vivres et les munitions dont on aurait besoin;

que quand toutes ses forces seraient réunies dans
la rivière de Saint-Augustin, il pourrait attaquer
les Français par mer et terre, et que ceux-ci, après
la perte de leurs grands vaisseaux, ne pourraient
résister, à de si puissants efforts, ni même retourner en France.

Ces raisons parurent convainquantes à tout
le conseil, et on jugea le projet du capitaine-
général digne de son courage et de sa prudence ;
on éventa sur l'heure toutes les voiles, et l'escadre
n'était plus qu'à trois lieues des navires français,
lorsqu'un calme profond, suivi de pluies et de
tonnerre, empêcha les Espagnols d'avancer. Vers
les neuf heures du soir, le ciel se découvrit et le
vent devint bon, mais l'adelantade fit réflexion
que, quelque diligence qu'il pût faire, il serait
tout-à-fait nuit lorsqu'il aurait joint les Français,
lesquels, s'ils se trouvaient trop faibles pour le
combattre, se laisseraient peut-être accrocher
pour brûler les navires espagnols ; dussent-ils
perdre les leurs et se sauver à terre dans leurs
chaloupes. Il avait remarqué d'ailleurs que tous
les matins et jusqu'à midi, la mer était basse à la
côte et à l'entrée des rivières qui ont toutes des
barres ; et, sur cette observation, il forma le dessein
de mouiller les ancres le plus près qu'il serait
possible des ennemis, puis de filer du câble, afin
de se trouver au milieu d'eux à la pointe du

jour, lorsqu'ils ne pourraient ni manœuvrer ni
recevoir du secours de ceux de leurs vaisseaux
qui étaient mouillés vis-à-vis de la Coroline.

Ce plan dressé et les ordres donnés en consé-
quence, l'adelantade vogua à petites voiles jusque
vers les onze heures et demie; alors il jeta ses
ancres et fila tous ses câbles, en sorte qu'il se
trouva bientôt par le travers de la capitane française. Nos historiens disent qu'il demanda des
nouvelles de M. de Ribaut et de ses principaux
officiers, qu'il nomma tous ; qu'il assura ensuite
que son arrivée dans cette rade ne devait point
inquiéter les Français, et qu'il n'avait pas même
dessein de s'y arrêter ; qu'en effet il appareilla à
la pointe du jour, mais qu'au lieu de prendre le
large, il arriva tout court sur les navires français, qui n'eurent que le temps de couper les câbles et de faire voile au plus vite.

Un auteur espagnol, et le seul que je sache qui
ait écrit le détail de cette expédition, assure, au
contraire, que les Français, voyant les navires des
Espagnols s'approcher dans l'obscurité de la nuit,
firent un feu continuel sur eux; mais sans aucun
effet; que Menendez ne tira pas un seul coup, et
fit mettre tous ses gens ventre à terre ; qu'au point
du jour son vaisseau se trouvant engagé entre les
deux plus grands navires ennemis, il fit sonner
les trompettes comme pour saluer la capitane

française, qui lui rendit le salut; qu'ensuite il parut et demanda d'où étaient ces navires, et ce qu'ils venaient faire dans la Floride; qu'on lui répondit qu'ils étaient de France, et qu'ils étaient venus porter des munitions et des hommes pour un fort que le roi très-chrétien avait dans la rivière de Mai, et pour quelques autres qu'on avait dessein de construire dans le pays; que Menendez leur demanda s'ils étaient catholiques ou luthériens; qu'ils répondirent qu'ils étaient luthériens; qu'ils demandèrent ensuite à celui qui leur parlait qui il était, et quel était son dessein; et qu'il leur dit:« Je suis Pédro Menendez, général de cette flotte du roi catholique don Philippe II. Je suis venu dans ce pays pour y faire pendre ou égorger tous les luthériens que j'y trouverai ou que je rencontrerai en mer suivant les ordres que j'ai reçus du roi mon maître; et ces ordres sont si précis, qu'il ne m'est pas permis de faire grâce à qui que ce soit; je les exécuterai donc à la lettre, mais lorsque je me serai rendu maître de vos navires, si j'y rencontre quelque catholique, je le traiterai avec bonté; pour les hérétiques, ils mouront tous. »

A ces mots, continue l'auteur espagnol, l'adelantade fut interrompu par des huées accompagnées d'injures atroces et indécentes contre lui et contre le roi catholique. Outré de colère, il fit pren-

dre sur l'heure les armes à ses gens, acheva de
filer ses câbles, et donna ordre d'aborder; mais les
câbles s'étant embarrassés dans les ancres, les
Français eurent le temps de prendre le large ; les
Espagnols les poursuivirent et leur tirèrent quelques volées de canon, mais de trop loin pour les
atteindre. Alors Menendez, désespérant de les pouvoir joindre, se rapprocha vers les dix heures du
matin de la rivière de Mai, à dessein d'y entrer.
Il changea bientôt de résolution; car ayant aperçu
cinq bâtiments à l'ancre et deux bataillons rangés
en bon ordre sur la pointe de la barre, qui firent
feu sur ses vaisseaux lorsqu'ils parurent, il comprit que s'il s'opiniâtrait à vouloir forcer le passage, les autres vaisseaux français pourraient revenir sur lui, et le mettre entre deux feux. Ainsi
il jugea plus à propos de reprendre la route de la
rivière de Saint-Augustin.

Les quatre navires français qui ne l'avaient point
perdu de vue, le voyant s'éloigner, revirèrent
aussitôt de bord, et retournèrent à leur premier
mouillage, les vents contraires ne leur ayant pas
permis de s'approcher davantage de la rivière de
Mai. Dès qu'ils eurent mouillés les ancres, Cosset,
qui les commandait, écrivit à M. de Ribaut, pour
l'instruire de ce qui s'était passé, et, sur cet avis,
ce général assembla le conseil de guerre. Tous
jugèrent qu'il fallait travailler sans relâche à for-

tifier la Caroline, et envoyer par terre un gros détachement dans la rivière des Dauphins, pour
tomber sur les Espagnols avant qu'ils eussent eu
le loisir de se retrancher.

M. de Ribaut, après avoir écouté tout le monde,
tira de sa poche une lettre qu'il avait reçue de
l'amiral de Coligny peu de jours avant son départ
de France, par laquelle ce seigneur lui mandait
qu'un officier espagnol nommé dom Pédro Menendez, se disposait à aller attaquer la Nouvelle-France, et lui recommandait expressément de ne pas
souffrir qu'il entreprît rien qui pût préjudicier aux
droits de Sa Majesté. Il n'y avait rien en cela qui
dût obliger le général de s'éloigner de l'avis qu'on
venait de proposer d'une manière si unanime ; il
en conclut néanmoins qu'il devait aller avec ses
quatre plus grands navires fondre sur trois de
ceux d'Espagne, que Cosset lui avait mandé être
restés au large, disant que quand il les aurait en
sa puissance, il lui serait facile de faire des autres
ce qu'il voudrait.

M. de Laudonnière, et un capitaine nommé La
Grange, qui avait beaucoup de part à la confidence
de M. l'amiral, réfutèrent sans peine ce raisonn-
ement, et le premier ajouta que cette côte était
sujette à des ouragans qui duraient quelquefois
plusieurs jours, et que si, par malheur, il en sur-
venait un tandis que presque toutes les forces de

la colonie seraient en mer, rien n'empêcherait les Espagnols qui étaient dans la rivière des Dauphins de venir s'emparer de la Caroline. Ils eurent beau dire, Ribaut persista dans son dessein, quoique personne ne l'approuvât; il obligea même Laudonnière, à qui il avait laissé le commandement de la Caroline, de lui donner toute sa garnison et presque tous ses vivres. La Grange ne voulait pas s'embarquer, et fut deux jours à se rendre; à la fin il se laissa gagner.

Il ne resta dans le fort avec M. de Laudonnière, qui était malade, que le sieur du Lys, ingénieur, deux gentilshommes, nommés La Vigne et Saint-Cler et cinquante personnes, d'autres disent quatre-vingt-cinq, quelques autres en font même monter le nombre jusqu'à deux cent quarante; mais tous conviennent qu'il n'y en avait pas vingt en état de tirer un coup de mousquet; les autres étaient des soldats qui avaient été blessés dans l'expédition contre Outina; de vieux artisans, des vivandiers, des femmes et des enfants. Ce fut le 6 septembre, que le général s'embarqua pour aller chercher les Espagnols; mais les vents contraires l'arrêtèrent en rade jusqu'au 10, qu'il mit à la voile.

Le 7, don Pedro Menendez était entré dans la rivière des Dauphins, à laquelle nous avons vu qu'il avait donné le nom de Saint-Augustin et

que je nommerai toujours ainsi dans la suite, Il
fit aussitôt débarquer trente hommes, sous la conduite d'André Lopez Patino et de Jean de Saint-
Vincent, tous deux capitaines, à qui il donna
ordre de choisir un lieu avantageux et d'y faire
quelques retranchements, en attendant qu'on y
pût construire un fort. Le lendemain, à midi, il
mit lui-même pied à terre, trouva à son débarquement quantité de sauvages à qui il fit amitié,
et qui lui confirmèrent tout ce qu'il avait appris
de la situation de la Caroline. Le 9, il fit célébrer
les divins mystères, et prit de nouveau possession du pays avec toutes les formalités requises,
et obligea ses officiers de jurer qu'ils lui seraient
fidèles jusqu'à la fin de son expédition.

Il alla ensuite visiter l'emplacement que ses
deux capitaines avaient choisi, il l'approuva, puis
il se rembarqua, et, faisant réflexion qu'il était
à craindre que, quand toutes ses troupes seraient
à terre, les Français ne vinssent attaquer ses vaisseaux qui étaient mouillés à une lieue et demie
au large, il fit travailler en diligence à en tirer
toutes les choses dont il avait besoin pour l'établissement qu'il méditait, et les troupes dont il
voulait se servir pour prendre la Caroline. Le jour
suivant, il eut avis que M. de Ribaut s'approchait
pour le combattre, sur quoi il donna ordre à celui qui commandait le Saint-Pélage et à un

autre vaisseau d'appareiller à minuit pour l'île Espagnole; il s'embarqua lui-même dans un grand batteau, mit cent cinquante soldats sur un navire de cent tonneaux, et avec ces deux bâtiments il alla mouiller sur la barre à deux brasses d'eau.

A la pointe du jour, les navires français parurent à l'endroit même d'où les deux Espagnols étaient partis, et un moment après il y en eut un qui s'avança vers la barre avec trois chaloupes. L'adelantade comprit toute la grandeur du péril où il se trouvait, mais par bonheur pour lui, il fallut que les Français attendissent deux heures entières le retour de la marée, pour entrer sur la barre. Il faisait un très-beau temps et la mer était fort belle, lorsque tout-à-coup il s'éleva un vent de nord si violent et la mer devint si orageuse, que M. de Ribaut fut contraint de s'éloigner de la côte et d'abandonner sa proie, au moment où, selon toutes les apparences, elle ne pouvait lui échapper.

Menendez ne douta point que cet orage, qui le sauvait, ne fut un effet des prières qu'il avait faites au fort du danger, dont il se voyait si heureusement délivré, et ne songea plus qu'à profiter de l'éloignement des Français. Il fit dire une messe du Saint-Esprit, au sortir de laquelle il assembla le conseil de guerre. Il y déclara que s'il ne s'agissait que du service du roi, personne ne devait être surpris qu'ils renonçassent à une entreprise où il se rencontrait tant d'obstacles ; mais que c'était la cause de Dieu et qu'on ne pouvait l'abandonner sans encourir la malédiction du Tout-Puissant. « Nous sommes, ajouta-t-il, environnés d'ennemis, les vivres commencent à nous manquer, mais c'est dans ces grandes extrémités que paraît le véritable courage. »

A ces mots, l'assemblée l'interrompit, en l'assurant qu'ils étaient tous disposés à le seconder de leur mieux : alors, plein d'une nouvelle confiance, il reprit la parole et dit que le ciel se déclarait si visiblement pour eux, que le succès de leur expédition était sûr s'ils ne se manquaient pas à eux-mêmes ; qu'assurément l'escadre française, qui trois jours auparavant fuyait devant eux, n'avait osé les venir attaquer que parce qu'elle avait renforcé ses équipages de tout ce qu'il y avait de meilleurs hommes dans le fort de la Caroline ; que la tourmente, qui venait de l'écarter, ne lui permettait pas de se réfugier dans son port, et que, selon toutes les apparences, elle n'y pourrait rentrer de plusieurs jours. « D'ailleurs ce sont des hérétiques, et nous savions, avant de partir d'Espagne, que leur général Ribaut avait défendu, sous peine de la vie, à tout catholique de s'embarquer avec lui. Eux-mêmes nous ont dé

8

claré qu'ils étaient tous luthériens. Nous sommes donc obligés de leur faire la guerre à toute outrance, non-seulement parce que nous en avons des ordres exprès, mais encore, parce qu'ils sont résolus, de leur côté, à ne nous faire aucun quartier, pour empêcher que nous ne plantions la foi catholique dans un pays où ils veulent faire régner leur abominable secte. Ainsi nous devons également à Dieu et au roi notre maître de périr plutôt que de ne pas achever ce qu'avec le secours visible du ciel nous venons de commencer si heureusement.

Il leur expliqua ensuite son projet, qui consistait à choisir cinq cents soldats, arquebusiers et piquiers, de leur faire prendre des vivres pour huit jours, de les diviser en dix compagnies, chacune avec son capitaine et son drapeau, de les faire marcher vers la Caroline, et de les précéder lui-même de deux lieues, avec une boussole, un Français qui était tombé entre ses mains, et quelques soldats armés de haches, pour ouvrir un passage à travers le bois. Il ajouta que, s'il avait le bonheur d'arriver avant d'avoir été découvert, il ferait sur-le-champ donner l'escalade, qu'il porterait pour cela des échelles, et qu'il comptait qu'il ne lui en coûterait pas cinquante soldats pour se rendre maître de la place; que si par malheur il était aperçu avant de sortir du bois, il

s'y retrancherait le plus près du fort qu'il pourrait ; que de là il enverrait sommer le commandant, avec offre de lui fournir un bâtiment et des
vivres pour retourner en France ; que ce commandant peut-être, le croyant plus fort qu'il n'était,
accepterait ses offres, que du moins il n'oserait
le venir attaquer dans un lieu couvert, et au
printemps prochain, après qu'il aurait reçu les
secours qu'il attendait de l'île espagnole, il serait
en état de réduire les Français par la force.

Ce discours ne fut pas reçu avec un applaudis-
sement universel. Il y eut même de grandes contestations parmi les officiers ; mais le plus grand
nombre s'étant déclaré pour le capitaine-général,
l'affaire fut résolue. Menendez fit aussitôt tout
préparer pour l'exécution. Il ordonna que le troisième jour tous assistassent à la messe avant de
se mettre en marche ; que cependant le maître de
camp et le sergent-major fissent le choix des cinq
cents hommes qui devaient composer le détachement, et eussent soin de les fournir de tout ce
qui serait nécessaire ; et comme on travaillait à
construire un fort, qui est devenu une ville célèbre, sous le nom de Saint-Augustin, il y établit
pour commandant don Barthélémi Menendez son
frère, et donna à son amiral le commandement
de l'artillerie qu'il y laissait, outre celui des trois
bâtiments qui lui restaient.

Tout étant ainsi reglé, le conseil se sépara, et le bruit de ce qu'on y venait de résoudre s'étant répandu parmi les troupes, y excita de grands murmures. Ce fut bien pis encore le lendemain : la sédition s'échauffa de telle sorte que les capitaines Jean de Saint-Vincent, François Recaldé et Diego de Maya se crurent autorisés à prier l'adelantade de se désister de son entreprise. Pour toute réponse, il invita à dîner tous les capitaines et plusieurs gentilshommes, et, après les avoir traités splendidement, il leur témoigna sa surprise de ce qu'on avait révélé le secret du conseil de guerre; il ajouta qu'il serait peut-être de son devoir de châtier les auteurs d'une si grande infidélité, qu'il les pardonnait néanmoins; mais qu'il était bien aise qu'on sût que désormais les plus légères fautes seraient sévèrement punies ; que le découragement qui paraissait dans les soldats venait uniquement de leurs officiers ; que tous néanmoins n'avaient pas perdu cœur, et qu'il voyait avec plaisir le plus grand nombre se disposer de bonne grâce à partir au premier signal, parce que leurs capitaines leur en montraient l'exemple ; cependant que chacun pouvait encore lui faire ses représentations, qu'il était prêt à changer d'avis si on lui faisait voir que c'était pour le mieux, mais que, la dernière résolution une fois prise, si quelqu'un était assez hardi pour parler avant qu'il fût temps d'exécuter, il le casserait sur-le-champ. Tous répondirent qu'il ne fallait rien changer à ce qui avait été arrêté, et ceux mêmes qui persistaient à désapprouver le parti qu'on avait pris, promirent de faire leur devoir.

Le jour du départ venu, on était sur le point de commencer la marche, lorsque Jean de Saint-Vincent déclara qu'il était incommodé, et qu'il ne partirait point. Comme ses amis voulaient lui persuader que cette conduite lui ferait tort, il leur répondit qu'il comptait bien apprendre dans quelques jours que tout le parti aurait été égorgé par les Français, et qu'alors il était résolu de s'embarquer avec tous ceux qui demeuraient à Saint-Augustin, et de prendre la route des îles. Y a-t-il de la raison, ajouta-t-il, à aller se faire assommer comme des bêtes, en suivant un projet si mal concerté.

L'adelantade ne fit pas semblant d'être instruit de ce discours, et alla se mettre à la tête de son avant-garde avec Martin de Ochoa, accompagné de vingt Biscayens et Asturiens, à qui il avait fait donner des haches, pour frayer les routes ; le reste de la troupe suivit sous les ordres du Maître-de-camp et du sergent-major. Le quatrième jour de marche ils arrivèrent à une demi-lieue de la Caroline, et quoiqu'il fît un grand vent et qu'il plût à verse, Menendez avança encore un quart de lieue, et s'arrêta sur un terrein extrêmement marécageux, derrière une pinière qui le couvrait. Il retourna ensuite vers ses gens pour leur servir de guide, dans la crainte qu'ils ne s'égarassent.

A dix heures du soir toute l'armée se réunit, mais extrêmement fatiguée et pénétrée de la pluie, qui n'avait pas discontinué depuis son départ de Saint-Augustin ; outre qu'elle avait été obligée de passer dans des marais, où elle avait de l'eau jusqu'à la ceinture. La pluie redoubla alors avec tant de violence, qu'on eut bien de la peine à en garantir les armes, la poudre et les mèches. Tant d'incommodités achevèrent de faire perdre patience aux soldats ; on entendait partout que des malédictions données au général ; et Fernand Perez, enseigne de la compagnie de Saint-Vincent, osa dire tout haut qu'il ne comprenait pas comment tant de braves gens se laissaient ainsi vendre par un montagnard d'Asturie, qui ne savait pas mieux faire la guerre sur terre qu'un cheval ; que pour lui, s'il en avait été le maître, il l'aurait traité, le jour qu'on partit de Saint-Augustin pour ce maudit exploit, comme il l'allait être dans peu par les mains des Français.

L'adelantade n'ignorait rien de ce qui se disait contre lui ; mais il dissimula sagement, et, ferme dans sa résolution, deux heures avant le jour, il appela le maître-de-camp et tous les capitaines, et dit que toute la nuit il n'avait cessé de consulter le ciel, et de prier le Seigneur de lui inspirer ce qui convenait à son service ; qu'il était persuadé qu'ils en avaient fait autant, chacun en particulier ; qu'il était enfin temps de se déterminer sur ce qu'il y avait à faire dans cette fâcheuse extrémité, où l'on se trouvait harrassés, sans forces, sans pain, sans munitions et sans aucune ressource humaine.

Quelques-uns lui répondirent qu'il était inutile de perdre le temps à délibérer, qu'il fallait reprendre à l'heure même la route de Saint-Augustin, que les palmiers suppléeraient au pain qui manquait, et qu'en différant davantage on ne ferait que s'exposer à un péril évident de périr. Menendez convint que cet avis était sage, qu'il les priait néanmoins de lui permettre de dire ancore un mot, qu'ils seraient après cela les maîtres de faire ce qu'ils voudraient : que si jusque-là il n'avait suivi que ses propres idées, il ne voulait plus désormais se régler que sur les conseils de ses amis et de ses compagnons d'armes. « Voyons donc, Monsieur, lui dit un d'entre eux, ce que vous pensez, et nous vous exposerons ensuite nos raisons. »

— « Je crois, mes amis, reprit Menendez, que nous devons tenter l'aventure, puisque nous voici à la porte de la Caroline. Si nous ne pouvons pas prendre la place, nous n'avons pas du moins à craindre que nos ennemis qui, selon toutes les apparences sont en petit nombre, s'engagent dans le bois pour nous en chasser, et nous y aurons toujours une retraite sûre; peut-être même quand ils nous verront en bataille, disposés à les atta-quer, se rendront-ils, sans attendre l'assaut, qu'ils ne sont point en état de soutenir; si non, rien ne nous empêchera de prendre alors le parti qu'on propose, et nous aurons du moins la consolation d'avoir fait tout ce qui était possible.»

Le maître-de-camp, le sergent-major et la plu-part des capitaines lui donnèrent à peine le loisir d'achever son discours, et le conjurèrent de les me-ner à l'ennemi. Quelques-uns voulurent d'abord s'y opposer, mais ils se laissèrent bientôt gagner. L'adelantade, dans le transport de sa joie, fit aussitôt mettre tout le monde à genoux, pour im-plorer le secours du Dieu des armées; puis il rangea les compagnies dans l'ordre qu'elles de-vaient garder pour l'attaque. Il se mit lui-même à leur tête, avec son Français, fugitif ou prison-nier, car les historiens varient sur ce point; ce qui est certain, c'est que Menendez lui avait fait lier les mains derrière le dos. Mais comme la nuit était fort obscure, et que le vent et la pluie ne diminuaient point, les plus avancés s'égarèrent, ce qui obligea l'adelantade à faire halte, en attendant le jour dans un endroit où il avait de l'eau jusqu'aux genoux.

Cependant M. de Laudonnière, également inquiet sur le sort de M. de Ribaut, à cause de l'ouragan, qu'il n'avait malheureusement que trop prévu et qui durait encore, et parce que, malgré les mouvements qu'il s'était donnés pour mettre la Caroline hors d'insulte, il restait encore trois grandes brèches, ne croyait pas l'ennemi si près de lui. Il arriva même que le temps affreux qu'il fit cette nuit-là, et qui avait si fort découragé les Espagnols, fut ce qui contribua le plus au succès de leur entreprise; car le sieur de La Vigne, qui était de garde, voyant ses soldats tout trempés de la pluie, en eut compassion et leur permit de s'aller reposer, avant que d'autres fussent venus pour les relever : la continuation du mauvais temps lui ayant ôté jusqu'à la pensée qu'il y eût rien à craindre de la part des ennemis.

Menendez, de son côté, s'était remis en marche au point du jour, après avoir ordonné, sous peine de la vie, à tout les siens de le suivre. Il se trouva bientôt au pied d'une colline, derrière laquelle le Français, dont il était toujours accompagné, lui assura que la Caroline était à trois portées d'arquebuse. Il monta dessus et ne vit que quelques maisons qui lui cachaient la place ; il voulait aller la reconnaître, mais le maître-de-camp ne le voulut pas permettre, et y alla lui-même avec Ochoa. Ces deux officiers examinèrent la place à leur aise, mais comme ils s'en retournaient pour rendre compte au général de ce qu'ils avaient vu, ils prirent un chemin pour un autre, et un Français qui les découvrit leur demanda « Qui vive ! » Ochoa répondit « France ! » et cet homme, persuadé que c'était des gens de sa nation, s'approcha de lui.

Ochoa alla à sa rencontre ; et le soldat s'apercevant de son erreur, s'arrêta. Ochoa courut sur lui, et, avec son épée, qu'il n'avait pas eu l'attention ou le loisir de tirer de son fourreau, il lui donna un grand coup sur la tête ; il ne lui fit pourtant pas grand mal parce que le soldat rompit le coup avec son épée ; mais le maître-de-camp lui en donna un second qui l'étourdit et le jeta par terre ; il lui mit ensuite la pointe de son épée sur la poitrine, parce qu'il commençait à crier ; et lui dit que s'il ne se taisait, il était mort, puis il le lia et le mena à son général, lequel, au cri de cet homme, avait cru que le maître-de-camp était tué. Menendez se tournant alors vers son sergent-major, François Recaldé et André Lopez Patigno, qui se trouvèrent les plus proches de sa personne avec leurs compagnies, leur dit : « Mes amis,

Dieu est pour nous , le maître-de-camp est dans le fort. »

A ces mots, tous partirent et coururent à toute jambes; les premiers rencontrèrent Ochoa et le maître-de-camp , lequel ne pouvant garder son prisonnier, l'avait tué et criait de toutes ses forces : « Compagnons , suivez-moi , Dieu est pour nous. » Il s'avança ensuite vers le fort, et ayant trouvé deux Français en chemise, il en tua un et Patigno l'autre. Dans ce moment , un soldat de la garnison étant monté par hasard sur le rempart, aperçut les Espagnols qui descendaient la colline dont j'ai parlé, et marchaient en ordre de bataille; il cria aux armes , et, à ce cri, M. de Laudonnière accourut avec les plus braves ; mais il avait eu à peine le temps de se reconnaître , que l'ennemi entra par trois brèches et par le guichet, que quelqu'un avait ouvert pour savoir ce qui se passait; et dans l'instant tout retentit des gémissements des femmes , des enfants et des malades qu'on égorgeait.

Laudonnière vola à leur secours, mais il était trop tard; il voulait se cantonner pour faire tête aux assaillants , en attendant le secours que pouvaient lui donner les trois vaisseaux qui étaient mouillés vis-à-vis du fort; il se montra partout, il combattit avec une valeur que ses ennemis mêmes admirèrent ; mais le Français que Menendez avait

toujours eu à ses côtés, l'ayant fait connaître, le
fort du combat tomba sur lui seul, et il vit bien
qu'il ne devait plus songer qu'à la retraite. Il la
fit en combattant toujours, ce qui donna moyen
au peu qui restait de Français de se sauver dans
le bois. Il y entra le dernier, précédé de sa
servante, qui était fort blessée, et du sieur de
Morgues.

Il n'y avait pourtant encore dans la place que
les deux compagnies que commandaient le sergent-major et Diégo de Maya, dont les enseignes
furent arborées sur le rempart en même temps
par Rodrigo Troché et Pedro Valdez Herrara; mais
le bruit des trompettes y fit bientôt accourir toute
l'armée, et l'adelantade voyant que les Français
ne se défendaient plus, fit publier un ordre d'é-
pargner les femmes et les enfants au-dessous de
quinze ans. L'auteur espagnol assure qu'on en
sauva soixante et dix. Menendez posa ensuite des
sentinelles au magasin, que son Français lui
montra et qui était très-bien fourni de munitions
et de marchandises de traite; après quoi il
s'approcha de la rivière, et fit inviter les équipages des trois navires, qui y étaient mouillés, à
se rendre.

Ils le refusèrent, et il se mit en devoir de les
couler à fond. Dès que sa batterie fut dressée, il
envoya faire dans les formes une sommation aux

commandants , qui répondirent que si le général
voulait traiter avec eux, ils lui enverraient une
chaloupe, pour leur amener quelqu'un de sa part.
L'adelantade leur envoya son prisonnier avec ordre de leur dire que des trois navires qui leur restaient, ils pourraient en choisir un , y embarquer
des provisions pour tout ce qu'ils étaient de monde , et pour ceux de la garnison de la Caroline
auxquels il avait sauvé la vie ; qu'il leur donnerait
un passeport pour aller partout où ils voudraient ;
mais à condition qu'ils n'auraient ni artillerie
ni autres munitions de guerre ; qu'au reste,
s'ils n'acceptaient point ce parti , il allait les
couler à fond , et ne ferait quartier à personne.

. Son envoyé ne tarda pas à revenir, et lui rapporta que le commandant en chef de ces trois
navires était le fils du général Ribaut (d'autres
Mémoires disent qu'il n'était que son neveu), et
qu'il ne voyait pas pourquoi les Espagnols lui
faisaient la guerre, puisqu'il était muni d'une
commission du roi son maître, avec qui le roi
catholique était en paix; qu'au surplus, il se
défendrait si on l'attaquait, et qu'il espérait le
faire avec succès. Sur cette réponse, Diégo de
Maya fit tirer un coup de canon, qui perça un des
trois navires à fleur d'eau. L'équipage n'y pouvant
remédier qu'en s'exposant au feu des ennemis,
s'embarqua dans les chaloupes, et passa dans les

deux autres navires, qui coupèrent sur-le-champ leur cable, et allèrent mouiller hors de la portée du canon.

Les Mémoires des français rapportent les choses autrement, mais il en faut reprendre de plus haut le récit, qui, étant de M. de Laudonnière même, paraît beaucoup plus certain. Ce commandant s'étant sauvé de la manière que nous avons vue, trouva environ une douzaine de ses gens dans le bois. Il leur proposa de s'approcher de la rivière, pour s'embarquer dans les navires dont j'ai parlé; mais quelques-uns aimèrent mieux se réfugier chez les sauvages, et le quittèrent. Il se mit en chemin avec les autres, et ils marchèrent jusqu'au soir, ayant presque toujours de l'eau jusqu'à la ceinture. Vers le coucher du soleil, ils perdirent terre et furent contraints de s'arrêter, parce qu'ils étaient trop fatigués pour se mettre à la nage. Deux des plus vigoureux voulurent bien néanmoins se risquer pour donner de leurs nouvelles aux navires, et en amener des chaloupes.

En effet, le lendemain de grand matin, les chaloupes parurent. Il était temps qu'elles arrivassent; M. de Laudonnière se mourait, et la plupart des autres n'étaient guère en meilleur état; on les fit revenir avec de l'eau-de-vie, dont on avait eu la précaution de se fournir; et dès que le commandant eut un peu repris de ses forces, il voulut, avant de s'embarquer, faire un tour dans le bois pour voir s'il n'y trouverait pas quelques-uns de ses gens qui s'y fussent égarés. Ceux qui s'étaient d'abord séparés de lui l'avaient presque tous rejoint ; quantité d'autres s'étaient aussi rendus au bord de la rivière par différentes routes, et il eut encore la consolation d'en sauver vingt environ.

Cependant des trois navires français, il n'était resté vis-à-vis du fort que le plus grand, commandé par Jacques de Ribaut. Cet officier avait vu les Espagnols entrer dans la Caroline, sans tirer un seul coup de canon sur eux, quoiqu'il fût à portée de les incommoder beaucoup, et qu'il eût sur son bord soixante soldats et un très-bon équipage. Il est vrai que la place avait été prise si brusquement, que Ribaut n'avait apparemment appris la nouvelle de l'attaque qu'au moment que l'ennemi était dedans, et qu'en tirant sur lui il pouvait craindre que ses coups ne portassent sur les Français ; mais il n'est pas aussi facile de l'excuser sur la manière dont il se comporta avec M. de Laudonnière, après que celui-ci fut embarqué sur son vaisseau.

Il commença par lever les ancres, pour rejoindre les deux autres navires qui étaient mouillés assez proche de l'embouchure du fleuve. Alors

Laudonnière lui proposa d'aller chercher M. de Ribaut, dont on ignorait encore la destinée ; mais il déclara que sa résolution était prise de passer en France, sans s'arrêter en aucun endroit. Ce qui choqua tellement Laudonnière, qu'il passa dans un autre navire. Par malheur, ce bâtiment n'avait point de pilote qui osât risquer de naviguer seul ; Ribaut en avait quatre, et ne voulut en céder aucun. Le troisième navire et un autre bâtiment qui était resté à la côte n'avaient point assez de matelots pour manœuvrer, et il fallut les abandonner. Laudonnière avertit Ribaut qu'il serait bon d'y mettre le feu, de peur que les Espagnols ne s'en servissent ou contre lui-même, ou contre l'escadre si elle reparaissait ; mais il n'en voulut rien faire, de sorte que M. de Laudonnière, qui jugeait cette précaution d'une nécessité absolue, fut obligé d'envoyer secrètement son charpentier pour les briser et les couler à fond.

J'ignore ce que devint ensuite le jeune Ribaut. Pour M. de Laudonnière, après avoir été fort contrarié des vents et souffert beaucoup de la faim, il se trouva dégradé dans le canal de Saint-Georges, et fut contraint de prendre terre à Bristol. Il resta long-temps malade en Angleterre, et dès qu'il fut guéri il passa en France, où les Espagnols prétendent qu'il fut mal reçu du roi. Ce ne serait pourtant pas une preuve de ce que les mêmes Espagnols tâchent de persuader, que ce prince était de concert avec le roi son beau-frère, pour exterminer les huguenots de la Floride. Mais l'amiral de Coligny était plus que jamais brouillé avec la cour, et l'on y regardait de mauvais œil toue ceux qui lui étaient attachés.

Malgré les diligences de M. de Laudonnière, tous les Français n'avaient pu ou n'avaient pas voulu le suivre. Quelques-uns s'étaient retirés parmi les sauvages ; d'autres, en petit nombre, se rendirent aux Espagnols, qui les joignirent aux prisonniers qu'ils avaient faits à la prise de la Caroline. Les historiens français s'accordent tous à dire que les uns et les autres furent pendus à un arbre, auquel on attacha un écriteau avec cette inscription : CEUX-CI N'ONT PAS ÉTÉ TRAITÉS DE LA SORTE EN QUALITÉ DE FRANÇAIS, MAIS COMME HÉRÉTIQUES ET ENNEMIS DE DIEU. Ils ajoutent que, dans la suite, les Espagnols étant informés que plusieurs Français avaient été bien reçus des sauvages, firent partout de si grandes recherches et intimidèrent de telle sorte les barbares, que la plupart de ces pauvres fugitifs furent obligés de se livrer eux-mêmes à leurs ennemis, qui ne leur firent pas plus de grâce qu'à leurs compagnons. D'autres, au nombre de vingt, se voyant poursuivis par les Espagnols, prirent la fuite à travers les bois, et furent tous tués à coups de fusil.

C'est ainsi que don Pedro Menendez se rendit maître de la Floride française. Il donna sur-le-champ à la Caroline le nom de San-Matheo, qu'elle porte encore aujourd'hui, parce qu'il y était entré le jour qu'on célèbre la fête de cet apôtre. Il fit en même temps ôter les armes de France et celles de l'amiral de Coligny qui étaient sur la principale porte, et y mit celles d'Espagne. Le lendemain 22, il marqua un emplacement pour bâtir une église; puis, ayant fait la revue de ses troupes, il se trouva qu'il n'avait pas quatre cents hommes effectifs, quoiqu'il n'en eût perdu que très-peu, et peut-être pas même un seul à la surprise de la Caroline. Mais pendant la marche plusieurs étaient retournés à Saint-Augustin, parce qu'ils désespéraient du succès de l'entreprise; quelques-uns s'étaient égarés, et les autres étaient restés en arrière par lâcheté ou par lassitude.

L'adelantade nomma ensuite gouverneur de San-Matheo Gonzalo de Villarroël, son sergent-major, et lui laissa trois cents hommes de garnison. Il voulait partir avec le reste dès le jour suivant pour retourner à Saint-Augustin; mais ses officiers lui déclarèrent qu'ils n'étaient pas en état de marcher, et il leur permit de se reposer autant qu'ils voudraient. Il ajouta que pour lui il ne pouvait pas différer son voyage, parce qu'il craignait que M. de Ribaut ne se dédommageât de la perte de la Caroline en lui enlevant Saint-Augustin, et que, si quelqu'un était d'assez bonne volonté pour le suivre, il lui en saurait gré; mais qu'il ne voulait gêner personne. Il y en eut trente-cinq qui s'offrirent, et il partit le 23 avec eux et François de Castagneda, son capitaine des gardes, ayant commandé à Medrano, à Patigno et à Alvarado de le suivre le plus tôt qu'il serait possible, et aux autres officiers de ne point s'éloigner du fort sans son ordre.

Comme les pluies continuaient encore, et que tout le pays était inondé, il n'est pas concevable combien il souffrit dans ce voyage; mais la joie qu'il ressentait du succès de son entreprise le soutenait. Il arriva enfin à Saint-Augustin, où on l'avait déjà pleuré comme mort, parce que les déserteurs, pour cacher la honte de leur fuite, avaient publié qu'il avait péri avec toute son armée. Deux soldats, qui avaient pris les devants, ayant assuré le contraire et annoncé son prochain retour, on passa en un moment de la plus extrême consternation à l'excès de la joie; tout le monde alla au-devant du vainqueur des hérétiques, avec la croix et le clergé, en chantant le *Te Deum*, et il fut reçu comme en triomphe.

Son premier soin fut ensuite d'envoyer des vivres à San-Matheo, qui en avait un plus grand besoin encore qu'il ne croyait, parce qu'un incen-

die, qu'on soupçonnait n'être pas l'effet d'un pur
hasard, y avait réduit presque tous les bâtiments
en cendres. Il apprit même, peu de temps après,
que la garnison de cette place s'était mutinée
contre les chefs. Ces malheurs ne furent pas les
seuls qui tempérèrent la joie de l'adelantade ; il
avait embarqué dans le galion le *Saint-Pelage*
plusieurs Français qui étaient tombés entre ses
mains à son arrivée dans la Floride, et ses ordres
étaient que, de l'île Espagnole où on devait les
débarquer, on les envoyât à l'inquisition d'Espagne ; mais à peine furent-ils en mer qu'avec le
secours de quelques autres étrangers et de quelques matelots qu'ils gagnèrent, ils firent main-
basse sur les officiers, s'assurèrent du reste de
l'équipage, et conduisirent le galion en Danemarck.

L'escadre de M. de Ribaut, dont on n'avait
point encore de nouvelles, causait aussi quelques
inquiétudes au général espagnol qui n'avait plus
de vaisseaux en état de lui résister, si elle venait
l'attaquer avant l'arrivée du reste de sa flotte
qu'il attendait avec impatience. Mais ses craintes
et ses espérances s'évanouirent presque en même
temps, et le triste sort de l'escadre française lui
fit supporter plus aisément la perte de son galion
et la dissipation de sa flotte dont il fut bientôt in-
formé.

La tourmente, qui avait contraint M. de Ribaut de s'éloigner de la rivière de Saint-Augustin au moment qu'il y tenait les Espagnols hors d'état de lui résister, dura jusqu'au 23 septembre, le jeta à plus de cinquante lieues de là, du côté du canal de Bahame, et brisa enfin tous ses vaisseaux sur des rochers. Tous les hommes se sauvèrent à la nage, excepté le sieur de La Grange qui se noya; mais tout ce qui était sur ces bâtiments fut perdu. La suite de cette malheureuse aventure est racontée si diversement par les Français et les Espagnols, qu'il est impossible de les concilier. Ce qu'un écrivain impartial doit à la fidélité de l'histoire en ces occasions où la vérité lui échappe, malgré qu'il en ait, est de rapporter les deux versions qui se contredisent, d'ajouter les raisons et les autorités sur lesquelles les uns et les autres se fondent, et d'en laisser le jugement au public.

M. de Ribaut, disent les historiens français, se trouvant dégradé sur une côte qu'il ne connaissait point, sans armes et sans provisions, voulut essayer de gagner la Rivière-de-Mai. Il est plus aisé de concevoir que de dire combien de contre-temps fâcheux, de misères, de fatigues, cette troupe infortunée eut à essuyer en marchant dans un pays inconnu, inhabité, et souvent impraticable. Enfin ce général ayant aperçu par hasard, à la

9..

côte, une chaloupe abandonnée, il y fit embarquer Michel Le Vasseur, pour aller observer en quelle situation était la Caroline.

Le Vasseur s'approcha assez près du fort pour y remarquer les enseignes espagnoles : son retour, avec une si triste nouvelle, consterna tout le monde ; et on fut assez long-temps sans pouvoir prendre aucune résolution : enfin M. de Ribaut se détermina à envoyer Nicolas Verdier, capitaine d'un de ses navires, et le sergent La Caille, pour savoir du commandant espagnol quel traitement on pouvait espérer de lui ; ces deux hommes étant arrivés au bord de la rivière, vis-à-vis la forteresse, firent un signal qui ne fut pas plutôt aperçu qu'on leur envoya une chaloupe. On les mena ensuite au commandant, à qui ils demandèrent ce qu'étaient devenus M. de Laudonnière et sa garnison ? Le commandant leur répondit qu'après la prise de la Caroline on leur avait donné un navire bien équipé, sur lequel ils étaient repassés en France, et que si M. de Ribaut voulait se mettre à sa discrétion, il éprouverait les mêmes effets de sa générosité.

Cette réponse, que les deux envoyés crurent sincère, les rassura, et ils se hâtèrent d'en aller faire part à leur général. Les avis furent néanmoins partagés entre les Français, les uns soutenant qu'il fallait se défier de gens qu'on savait

avoir pour principe, que c'était une chose dés-
agréable à Dieu que d'exterminer ceux qui ne
professaient pas la religion romaine ; et les autres
disant qu'une prompte mort était préférable à la
triste situation où ils se trouvaient. Ribaut pensait
comme ces derniers, et entraîna tout le monde
dans son sentiment. La Caille fut renvoyé à San-
Matheo, et ne demanda que ce que le commandant de cette place avait offert lui-même, à savoir que tous auraient la liberté de repasser en
France, et qu'on leur fournirait un vaisseau avec
tous ses agrès et les provisions nécessaires. Le
commandant le promit de nouveau, et en jura
l'exécution sur ce qu'il y a de plus sacré.

Après des assurances si formelles, il n'y eut
personne parmi les Français qui fît aucune difficulté de se livrer entre les mains des Espagnols ;
ceux-ci leur envoyèrent des chaloupes ; mais à
peine eurent-ils passé la rivière, qu'ils comprirent qu'ils étaient trahis. A mesure qu'ils sortirent
des chaloupes, on les lia quatre à quatre ; MM. de
Ribaut et d'Ottigni furent menés seuls dans la
place du fort, où ayant demandé à parler au commandant, pour savoir de lui la raison d'un traitement si contraire à ce qu'on leur avait promis, on
leur répondit que le commandant n'était pas visible.

Un moment après, un simple soldat vint trouver M. de Ribaut, et lui demanda s'il n'était point le général des Français? Il répondit qu'il l'était. « N'avez-vous pas toujours prétendu, repartit le soldat, que ceux qui étaient sous vos ordres vous obéissent ponctuellement? — Sans doute, répliqua Ribaut, qui ne comprenait pas bien où tendait ce discours. — Ne trouvez donc pas étrange, reprit le soldat, que j'exécute aussi l'ordre de mon commandant. » Et, en achevant ces mots, il lui enfonça un poignard dans le cœur. Un autre soldat fit les mêmes questions et le même traitement à d'Ottigni, qui prenait le ciel à témoin de la perfidie des Espagnols.

Cette première exécution fut un signal pour la garnison, qui se jeta à l'instant sur les Français, et tous furent égorgés en un moment. Suivant un mémoire, qui ne paraît pas suspect en ce point, huit cents Français périrent par les mains des Espagnols ; mais il y a bien de l'apparence qu'il faut comprendre dans ce nombre tous ceux qui avaient été tués à la prise de la Caroline. Il est certain d'ailleurs que Menendez réserva plusieurs artisans et autres gens de travail pour les ouvrages qu'il voulait faire à San-Matheo et à Saint-Augustin.

Environ trois semaines après cette expédition, l'adelantade fut averti par des sauvages, qu'à huit journée de Saint-Augustin vers le sud, à la côte de Canaveral, qui borde le canal de Bahame, il y avait encore des Français qui bâtissaient un fort, et construisaient un navire. Il ne douta point que ce ne fussent les deux cents hommes qui avaient quitté M. de Ribaut, et dépêcha sur-le-champ un courier au gouverneur de San-Matheo, avec ordre de lui envoyer cent cinquante hommes. Ce détachement arriva à Saint-Augustin le 23 d'octobre, sous la conduite d'André Lopez Patigno, et de Jean Velez de Medrano; Menendez le renforça d'un pareil nombre de soldats de sa garnison, et partit, le 26, avec cette troupe, marchant à pied, et faisant suivre les armes et les vivres sur deux batteaux qui mouillaient tous les soirs vis-à-vis de son camp.

Le premier de novembre il découvrit les Français, qui, fort surpris de voir arriver les Espagnols, se sauvèrent sur une montagne. Menendez leur envoya dire qu'ils pouvaient venir sans crainte, et que non-seulement il leur donnait sûreté pour la vie, mais qu'il les traiterait même comme ses propres soldats. La plûpart se fièrent à sa parole, et il la leur tint exactement; il s'en servit même dans la suite de ses expéditions, et il en gagna plusieurs à la religion catholique; mais leur commandant et une vingtaine d'autres répondirent à son envoyé qu'ils aimeraient mieux être mangés par les sauvages que de se livrer entre ses mains. Il méprisa leur petit nombre, et il les laissa en repos. Il fit mettre le feu au fort et au vaisseau, qui était déja bien avancés, et il s'en retourna à Saint-Augustin, fort content de s'être défait de tant de Français, qui auraient pu lui faire un mauvais parti, si M. de Ribaut eût voulu suivre le conseil de M. de Laudonnière, ou si la tempête, qui fit périr ses navires, eût seulement commencé deux heures plus tard.

Il est assez inutile que j'ajoute ici mes réflexions sur la relation que je viens de rapporter; mes lecteurs les feront aussi bien que moi; j'avoue que j'aurais bien de la peine à taxer un homme d'honneur d'une perfidie aussi noire que l'aurait été celle du gouverneur de San-Matheo, sur la foi d'un seul homme, qui, dans les circonstances où il se trouvait, aigri par une longue et dure captivité, animé par la haine que sa religion lui inspirait contre les catholiques, n'aurait pas même dû être admis en justice à accuser un particulier; et il est assez surprenant qu'on ait pas même songé alors à révoquer en doute un fait de cette nature, et qui n'était appuyé que sur un témoignage si justement suspect.

Après tout, le fait, tel que les Espagnols le rapportent, était plus que suffisant pour exciter en France l'indignation publique : aussi ne fut-elle pas bornée à ceux que l'intérêt de la religion devait rendre plus sensibles au traitement fait à leurs confrères de la Floride. Néanmoins la haine que la cour portait aux huguenots, et surtout à l'amiral de Coligny leur chef, lequel avait presque toujours les armes à la main contre son roi et contre la religion de ses pères, contribua beaucoup à l'indifférence qui succéda bientôt à ces premiers mouvements, inspirés par la nature et par l'amour de la patrie. Ainsi, par un effet bien triste des malheureuses conjonctures où se trouvait le royaume, les sujets du roi, qui venaient de périr en Amérique par la main des Espagnols, furent bien moins regardés comme tels par la plupart de ceux, qui gouvernaient alors, que comme les créatures du plus mortel ennemi qu'eussent la religion et le prince ; outre que la situation de Charles IX ne lui permettait pas de se brouiller avec le roi catholique. L'honneur du nom Français n'aurait dont point été vengé, si un particulier n'eût entrepris de le faire à ses frais, et à ses risques.

VI.

LE CHEVALIER DE GOURGUES.

Le zélé citoyen qui vengea les Français fut le chevalier Dominique de Gourgues, gentilhomme gascon, né à Mont-de-Marsan, dans la Comté de Comminges, d'une famille distinguée de tout temps par un attachement inviolable à l'ancienne religion ; lui-même ne s'en éloigna jamais, quoique le dernier historien espagnol de la Floride l'ait accusé d'avoir été hérétique furieux. Il y avait alors peu d'officiers subalternes en France ; et peut-être dans toute l'Europe il n'en existait pas qui se fût acquis une réputation plus brillante à la guerre, et eût essuyé plus de revers de la fortune. Il avait servi fort jeune en Italie, et un jour qu'il commandait un détachement de trente hom-

mes près de Sienne en Toscane, il soutint assez
long-temps tous les efforts d'une partie de l'armée
espagnole. A la fin, tous ses gens ayant été tués
autour de lui, il fut pris, envoyé aux galères, et
mis à la châne en qualité de forçat; l'acharnement
avec lequel les Espagñols faisaient alors la guerre
à la France leur faisant oublier leur ancienne générosité au point de violer ainsi les lois de la guerre, et de punir d'un honteux esclavage des actions,
que, dans le fond du cœur, ils ne pouvaient manquer d'admirer.

La galère sur laquelle le chevalier de Gourgues
ramait fut prise par les Turcs sur les côtes de
Sicile, conduite à Rhodes, et de là à Constantino-
ple; mais ayant été remise en mer, elle fut reprise
par les galères de Malte, et M. de Gourgues re-
couvra ainsi sa liberté. De retour chez lui, il se
mit en tête de voyager sur mer; il passa d'abord
en Afrique, puis au Brésil, et de là à la mer du
Sud, dit Lescarbot; mais cet auteur a pris sans
doute la mer du Sud pour la mer des Indes, puisqu'il est certain que, dans le XVIᵉ siècle, aucun
Français n'avait encore été dans la mer du Sud.

On ne dit point combien de temps le chevalier
de Gourgues employa dans ces voyages, ni ce
qu'il y fit; mais il est certain qu'il ne faisait que
d'arriver en France, avec la réputation d'être un
des plus habiles et des plus hardis navigateurs de

son siècle, lorsqu'on y apprit la prise de la Caroline par les Espagnols, et le massacre des Français. Il en fut vivement touché, et pour l'honneur
de la France, et pour l'intérêt qu'il estimait qu'on
devait prendre à la conservation d'un si beau pays;
d'ailleurs il brûlait du désir de venger ses propres
injures. Tant de motifs pressants lui firent former
le dessein de châtier les usurpateurs de la Floride,
ou de mourir à la peine.

Pour se mettre en état d'exécuter un dessein si
hardi, et qui paraissait au-dessus du pouvoir d'un
particulier, il vendit tout son bien, fit de gros
emprunts, et arma deux roberges et une patache
en forme de frégate du Levant. Ces trois bâtiments pouvaient aller à la rame pendant le calme,
et tiraient fort peu d'eau, en sorte qu'il leur était
facile d'entrer dans la plupart des rivières de la
Floride. Quatre-vingts matelots choisis formèrent
leur équipage; mais ils portaient cent cinquante
soldats et volontaires, dont cent étaient arbalé-
triers et la plupart gentilshommes. L'armement
se fit à Bordeaux, d'où l'escadre étant partie le
second jour du mois d'août de l'année 1567, fut
arrêtée huit jours de suite à Royan par les vents
contraires, puis obligée, par une violente tempête,
de se jeter dans la Charente, où elle resta jusqu'au 22.

Elle avait des provisions pour un an, et le che-

valier de Gourgues s'était muni d'une commission
de M. de Montluc, lieutenant pour le roi en
Guyenne; mais elle n'était point pour la Floride,
elle lui donnait seulement pouvoir d'aller sur la
côte de Benin, en Afrique, et d'y enlever des nègres; car il ne s'était encore expliqué à personne
sur le sujet de son entreprise. A peine était-il en
pleine mer qu'il fut surpris d'une seconde tempête qui fit disparaître un de ses navires. Il avait
pourvu à cet accident, et avait donné à tous ses
pilotes le rendez-vous à l'embouchure de Rio del-
Oro, sur la côte d'Afrique, et son navire l'y rejoi-
gnit en effet. De là il rangea la côte jusqu'au cap
Blanc, où trois petits princes nègres vinrent l'attaquer à l'instigation des Portugais. Il les battit
par deux fois, puis continua à faire la même route
jusqu'au cap Vert, d'où il tourna tout court vers
l'Amérique.

La première terre où il aborda fut la Dominique,
une des Petites-Antilles; il alla ensuite à Porto-
rico, puis à la Mona, dont le cacique lui donna
quantité de rafraîchissements. Après quoi, voulant gagner le continent de la Floride, une nouvelle tempête le contraignit d'entrer dans le port
de Saint-Nicolas, à la côte occidentale de l'île
Espagnole : il y radouba un de ses vaisseaux, que
la tourmente avait beaucoup endommagé, avec
perte d'une bonne partie de sa provision de bis-

cuit. Pour comble de disgrâce, les Espagnols ne voulurent jamais lui vendre des farines, et il ne faisait que de sortir du port de Saint-Nicolas qu'un ouragan furieux, qui le portait à la côte, le mit en un danger éminent de périr. Enfin il gagna avec bien de la peine le cap de Saint-Antoine, qui fait la pointe occidentale de Cuba.

Ce fut là qu'ayant assemblé tous ses gens, il commença par leur peindre avec les couleurs les plus vives les cruautés que les Espagnols avaient exercées contre les Français dans la Floride.

« Voilà, ajouta-t-il, mes camarades, le crime de nos ennemis. Et quel serait le nôtre, si nous différions plus long-temps à venger l'affront qui a été fait à la nation française? C'est ce qui m'a engagé à vendre tout mon bien, c'est ce qui m'a ouvert la bourse de mes amis; j'ai compté sur vous, je vous ai cru assez jaloux de la gloire de votre patrie, pour lui sacrifier jusqu'à votre vie en une occasion de cette importance; me suis-je trompé? J'espère vous donner l'exemple, être partout à votre tête, prendre pour moi les plus grands périls; refuserez-vous de me suivre? »

Le commencement de ce discours causa quelque étonnement dans l'esprit de plusieurs; mais à la fin des gens de guerre s'étant déclarés avec de grands cris de joie, tous protestèrent qu'ils étaient prêts à aller où on voudrait les mener. De

Gourgues eût bien voulu profiter de cette ardeur, et mettre sur-le-champ à la voile, mais il crut devoir attendre la pleine lune pour passer le canal de Bahame. Il le passa enfin et découvrit bientôt les terres de la Floride. Les Espagnols étaient si éloignés de croire qu'on songeât en France à re-conquérir ce pays, qu'ayant aperçu les trois na-vires, ils ne firent aucun doute qu'ils ne fussent de leur nation, et les saluèrent comme tels de deux coups de canon, quand ils les virent passer devant la Rivière de-Mai. Le chevalier de Gourgues leur répondit coup pour coup, passa outre en ti-rant un peu au large, et la nuit suivante entra dans la Rivière-de-Seine, éloignée de quinze lieues de celle de Mai.

Il y trouva quantité de Sauvages, qui le prenant pour un Espagnol, se disposaient à s'opposer à son embarquement; mais il leur envoya son trompette, qui avait servi en Floride sous M. de Laudonnière, et savait assez bien la langue du pays. Cet homme reconnut Saturiova, qui se ren-contra par hasard avec le paraousti du lieu, et, lui adressant la parole, il lui dit que les Français venaient renouveler l'alliance qu'ils avaient eue avec lui les années précédentes et la manière dont fut reçu son compliment; lui donna lieu de juger que ces peuples n'étaient pas contents des Espagnols.

Le lendemain Saturiova, suivi d'un grand nombre de sauvages, s'approcha du lieu où les Français avaient débarqué, et fit prier le général de le venir trouver. M. de Gourgues y alla avec son interprète, lequel avait à peine commencé de parler, que le paraousti, l'interrompant, témoigna au général avec beaucoup de vivacité qu'il était fort résolu de ne plus souffrir sur ses terres les Espagnols , dont il prétendait avoir de grands sujets de plainte. Il ajouta qu'il ne doutait point que les Français ne se joignissent à lui pour venger leurs injures communes , et que, de son côté, il ne manquerait à rien de ce qui pouvait assurer sa vengeance.

De Gourgues répondit qu'il n'était pas venu à ce dessein, mais uniquement pour renouer les anciennes alliances des Français avec les Floridiens , et après avoir reconnu leurs dispositions à l'égard des Espagnols , s'en retourner en France pour en amener de plus grandes forces. « Cependant, ajouta-t-il, puisque je vous vois dans la résolution de me seconder, et dans l'impatience de vous défaire de si fâcheux voisins , je change d'avis et je me détermine dans ce moment à attaquer les Espagnols avec cette poignée de soldats que j'ai sur mes vaisseaux , persuadé que vous vous joindrez tous à moi, et que je puis me

promettre tout de votre fidélité et de votre valeur. »

Saturiova fut charmé de ces discours, et la ligue
fut bientôt conclue. On se fit des présents de part
et d'autre ; mais le paraousti en fit un au chevalier de Gourgues qui lui fut bien agréable : il lui
remit un jeune homme, nommé Pierre de Bray,
qu'il avait gardé chez lui, malgré tout ce que les
Espagnols avaient pu faire pour l'obliger à le leur
livrer, et qu'il avait toujours traité comme son
fils. Les jours suivants, tous les paraoustis, vassaux ou alliés de Saturiova, s'assemblèrent pour
délibérer de la manière dont on attaquerait les
Espagnols, et il fut réglé qu'un gentilhomme de
Comminge, nommé d'Estampes, et un neveu de
Saturiova, qui avait nom Olocotora, iraient avec
Pierre de Bray reconnaître l'état où se trouvait
San-Mathéo.

Mais le général, avant de confier M. d'Estampes
à ces barbares, voulut avoir des otages, et Saturiova lui donna un de ses fils, et celle de ses
femmes qu'il aimait le plus. Les envoyés revin-
rent au bout de trois jours ; ils rapportèrent que
l'ennemi n'était nullement sur ses gardes ; mais
que San-Mathéo et deux autres petits forts, qu'on
y avait ajoutés de chaque côté de la rivière,
étaient en fort bon état ; de Bray assura en même
temps que la garnison de ces trois forts était de

quatre cents hommes. Ce rapport fit juger à M. de
Gourgues qu'il ne devait compter , pour le succès
de son expédition, que sur la surprise et le secret,
et ayant marqué le rendez-vous général de toutes
les troupes à la Rivière-de-Somme, elles s'y trouvèrent au jour prescrit.

Les sauvages, après avoir bu, selon la coutume,
leur apalachine, firent serment, à leur manière,
de ne point abandonner les Français, et on se mit
aussitôt en marche. On y souffrit beaucoup parce
que c'était la saison des pluies, et quoiqu'on n'eût
fait le premier jour que deux lieues , les Français
se trouvèrent extrêmement fatigués. Il y avait
encore deux lieues à faire pour arriver au premier
des deux forts qui couvraient San-Mathéo , et le
chevalier de Gourgues n'avait rien pris de tout le
jour; cependant, comme tout dépendait de la diligence , il prit avec lui un guide et dix arquebusiers, et partit pour aller reconnaître le fort, qu'il
était résolu d'attaquer le lendemain ; mais une
petite rivière qu'il fallait passer se trouva tellement gonflée par les pluies et par la marée qui
montait encore, qu'il ne lui fut pas possible d'aller plus loin.

Il s'en retourna donc au camp fort triste , mais
un sauvage lui ayant promis de le conduire par un
chemin plus aisé, il se remit sur-le-champ en
marche avec tous les Français, et donna ordre

aux sauvages de prendre par les bois, et de se trouver, au point du jour, au passage de la rivière. Cet ordre fut ponctuellement exécuté ; mais la rivière ne se trouva encore guéable en aucun endroit, et il survint une pluie si abondante, qu'on eut bien de la peine à en garantir les armes. Le temps s'éclaircit enfin, et M. de Gourgues, à la faveur d'un petit bois, découvrit le fort tout à son aise. Il observa que tout le monde y était en mouvement, et il ne douta point qu'il n'eût été découvert ; mais il se trompait, il sut depuis que c'était une fontaine qu'on raccommodait.

Vers dix heures, la marée étant toute basse, on passa la rivière, non sans beaucoup de difficulté ; car, outre qu'on y avait de l'eau jusqu'à la ceinture, le fond en était semé de grandes huîtres tranchantes qui coupaient les souliers, et blessaient même les pieds des soldats ; pour ce qui est des sauvages, qui étaient nuds pieds, ils savaient le moyen de les éviter ; d'ailleurs, il y en avait fort peu à ce passage, la plupart ayant traversé la rivière à son embouchure dans des pirogues.

Jusque-là les Espagnols ne savaient pas qu'il y eût des Français dans la Floride, et rien ne fit mieux sentir au chevalier de Gourgues combien les naturels du pays haïssaient leurs nouveaux voisins, que le secret qu'ils gardèrent en cette occasion. Enfin, toutes les troupes étant au-delà de la rivière, et pleines d'ardeur d'en venir aux mains, le général ne crut pas devoir perdre un temps si précieux à haranguer ses soldats ; il se contenta de leur représenter en deux mots la justice de leur cause, que Dieu ne manquerait pas de favoriser, et il fit sonner la charge. Il avait divisé sa petite troupe en deux bandes ; il en donna une à commander au sieur de Casenove, son lieutenant, il se mit à la tête des autres, et s'avança lentement en ordre de bataille.

Du moment qu'il eut passé le bois qui le couvrait, on tira sur lui avec deux coulevrines que M. de Laudonnière avait laissées dans la Caroline. Les premiers coups furent tirés de trop loin ; mais on allait recharger, et les premiers rangs commençaient à se débander, lorsque le brave Olocotora, qui ne quittait point le général, se glissa, sans être aperçu, jusqu'au pied de la plate-forme où les deux coulevrines étaient dressées, sauta dessus, et passa une pique dont il s'était armé, au travers du corps du canonier. La hardiesse de ce sauvage fit croire aux Espagnols qu'il n'était pas seul, ou plutôt leur ôta le jugement. L'épouvante les saisit, ils sortirent du fort, et se mirent à courir confusément du côté où était Casenove, qui en avertit son général par de grands cris. De Gourgues y courut, mit les ennemis entre lui et son lieutenant, et tomba si brusquement sur eux, que de soixante qu'ils étaient, il n'en resta, après le premier choc, que quelques-uns qui furent pris, et réservés à une mort moins glorieuse.

Cependant le canon du second fort tirait sans cesse, et incommodait les nôtres. Pour faire cesser ce feu, le général fit placer sur le bord du fleuve les deux coulevrines et deux autres pièces d'artillerie qu'on avait trouvées dans le premier fort, et cela eut son effet. Il passa ensuite avec quatre-vingts hommes dans une barque qu'il avait fait venir à ce dessein, et il avait promis aux sauvages de la leur renvoyer, dès qu'il serait débarqué; mais ils n'eurent point la patience de l'attendre, ils se jetèrent à la nage, en poussant des cris affreux. Les Espagnols en furent effrayés, et ne se crurent pas en sûreté derrière leurs retranchements; ils se sauvèrent dans le bois, où M. de Gourgues, qui s'y était mis en embuscade, les enveloppa, et les tailla en pièces. De soixante qu'ils étaient, il n'en épargna que quinze, qu'il retint prisonniers. Il entra ensuite dans le fort, où il ne rencontra personne; il le fit démolir et emporter les vivres et les munitions dans le premier, dont il fit sa place d'armes. Tout ceci se passa la veille de Quasimodo.

La Caroline avait encore plus de deux cents hommes de garnison; mais la consternation y était grande. Le chevalier de Gourgues avait, parmi ses prisonniers, un vieux sergent de bande ; il tira de lui, par menaces, l'état et le plan de la place ; l'ayant examiné avec soin, il comprit que le moyen le plus sûr de s'en rendre le maître était l'escalade, et il la résolut. Il employa le dimanche et le lundi à faire ses préparatifs, et il lui vint pendant cet intervalle un si grand nombre de sauvages que, comme ils remplissaient tous les environs de la Caroline, il ne fut jamais possible aux Espagnols d'en sortir pour reconnaître les forces des assaillants. Il y en eut pourtant un qui s'avisa de se déguiser en sauvage ; mais Olocotora, l'ayant découvert, l'amena au général.

Cet homme assura qu'il était de la garnison du second fort, et dit qu'il s'était travesti de la sorte pour se sauver plus aisément, n'espérant point de quartier de la part des sauvages s'il tombait entre leurs mains ; que son dessein était de se jeter entre les bras des Français, et qu'il croyait sa vie en sûreté, puisqu'il était prisonnier d'une nation renommée par toute la terre pour son humanité. Par malheur pour lui, le sergent dont nous avons parlé le trahit sans le vouloir, ayant déclaré qu'il était de la garnison de San-Matheo ; sur quoi il fut mis parmi ceux qu'on réservait au supplice. On apprit de cet espion que ce qui avait fait perdre courage à la garnison de San-Matheo, c'est

qu'on n'y doutait point que les Français ne fussent
au moins deux mille ; et le général ne crut pas
devoir donner à l'ennemi le temps de se désabuser
ni de revenir de sa frayeur.

Il disposa donc tout en diligence pour commencer l'attaque dès le lendemain mardi, à la pointe
du jour. Il envoya le sieur de Mesmes, son enseigne, avec vingt arquebusiers, pour garder l'embouchure du fleuve ; il fit partir les sauvages pour
aller se mettre en embuscade dans le bois, des
deux côtés de la rivière ; enfin il marcha lui-
même avant l'aurore, menant avec lui le sergent
et l'espion pour lui servir de guides. Olocotora
était avec lui, et ce sauvage s'était mis dans la
tête qu'il ne reviendrait point de cette expédition :
son pressentiment était apparemment fondé sur
un songe. Il s'en ouvrit au chevalier : « Je sais,
» lui dit-il, mon capitaine, que je serai tué à
» l'attaque du fort ; je ne veux pourtant pas te
» quitter, je compte la vie pour rien ; j'aurai au
» moins la consolation de mourir en brave. Mais
» je te prie de donner à ma femme ce qui doit me
» revenir du butin, afin qu'elle le mette avec mon
» corps dans le tombeau, et que j'en sois mieux
» reçu dans le pays des âmes. »

M. de Gourgues lui répondit qu'il espérait bien
le rendre sain et sauf à sa famille ; mais qu'il fût
vif ou mort, son souvenir lui serait toujours bien

cher, et qu'il reconnaîtrait par toutes sortes de moyens ce qu'il devait à sa valeur et à son zèle. On marchait à découvert le long du fleuve; mais comme on se vit fort incommodé du feu de deux coulevrines, placées sur une espèce de boulevard qui commandait le rivage, on se mit à couvert derrière la colline au pied de laquelle nous avons vu qu'était situé le fort. Le général eut ainsi la commodité de bien examiner la place, et, avec le secours de ses deux prisonniers, il en connut parfaitement le fort et le faible. Enfin il comprit que c'était par la colline qu'il fallait l'attaquer, ainsi que les Espagnols l'avaient fait deux ans auparavant.

Il était un peu tard quand tout le monde eut occupé son poste, et le chevalier voulait remettre l'affaire au jour suivant; mais les assiégés ayant fait une sortie au nombre de quatre-vingts arquebusiers, ils hâtèrent leur perte. Casenove fut détaché contre eux avec vingt maîtres pour les attirer, tandis que le général leur couperait la retraite et fondrait ensuite sur eux avec des forces supérieures. Les Espagnols, avançant toujours, furent bien étonnés de se trouver entre deux feux; ils se battirent pourtant fort bien, et se firent tous tuer jusqu'au dernier. La garnison, témoin de cette défaite, perdit cœur absolument, et tous, sans écouter le commandement, s'enfuirent dans le bois, où les sauvages, qui les attendaient, ne firent quartier à personne. Quelques-uns avaient tourné par un autre côté; mais ils rencontrèrent M. de Gourgues, qui en coucha par terre d'abord la plus grande partie, et qui eut bien de la peine à arracher les autres des mains des sauvages pour les faire passer en celles des bourreaux.

San-Matheo n'ayant plus de défenseurs, le général y entra avec toutes ses troupes, qui y firent un butin considérable. Il s'y trouva cinq doubles coulevrines, quatre moyennes, et quelques petites pièces de canons de fer et de fonte, dix-huit caques de poudre, et une grande quantité d'armes de toutes sortes, qui furent transportés dans la barque dont on s'était servi pour le passage des troupes. La poudre fut néanmoins perdue par un de ces accidents qu'il est difficile de parer : un sauvage, faisant cuire du poisson assez loin du magasin, laissa tomber du feu sur une traînée de poudre qui n'avait point été aperçue, et par le moyen de laquelle les Espagnols prétendaient faire sauter les Français en l'air, supposé qu'ils forçassent la brèche. Par bonheur, personne n'était à portée d'en être incommodé, quoique le magasin eût sauté.

Le général donna à ses gens et aux sauvages tout le loisir de piller, et il fit encore de grandes largesses à ceux-ci, qui parurent beaucoup plus charmés de ses manières que de ses libéralités. Il

fit venir ensuite tous les prisonniers au même lieu
où les Français avaient été massacrés, et où Menendez avait fait graver sur une pierre ces mots :
*Je ne fais ceci comme à des Français, mais
comme à des luthériens.* Il leur reprocha leur
cruauté, leur perfidie, leur serment violé, puis il
les fit tous pendre à un arbre; et, à la place de
l'ancienne inscription, il fit mettre celle-ci sur
une planche de sapin : JE NE FAIS CECI COMME A
ESPAGNOLS NI COMME A MARANES; MAIS COMME A
TRAITRES, VOLEURS ET MEURTRIERS.

Quelques historiens ont paru approuver cette
action comme juste et légitime; et elle pouvait
avoir véritablement quelque apparence de justice,
surtout en supposant, ce dont on ne doutait point,
le serment violé par les Espagnols. Mais outre
que, dans le vrai, les représailles sont rarement
exemptes d'injustices, par la raison qu'elles tom-
bent plus souvent sur les innocents que sur les
coupables, je ne crains pas de dire que l'expédition du chevalier de Gourgues, jusque-là si glorieuse pour lui et si honorable pour la nation,
aurait été infiniment plus relevée par une conduite
où sa modération et la générosité française eût
fait un beau contraste avec l'inhumanité des Espagnols, qu'en la terminant avec la même fureur
qu'il détestait en eux. N'est-il pas honteux pour
des chrétiens de n'avoir pas pensé, comme fit

autrefois un prince idolâtre, Pausanias, dans une occasion toute semblable ?

Au reste, les applaudissements que reçut partout ce gentilhomme, et qu'il n'était pas possible de refuser à une action qu'on peut compter parmi les plus mémorables qui se soient jamais faites en ce genre, furent tout le fruit qui lui resta de sa victoire. Il n'avait pas assez de monde pour se soutenir dans la Floride contre les Espagnols de Saint-Augustin ; il ne devait pas s'attendre à recevoir, au moins de quelques années, des secours de France, et il comprenait assez que l'amitié intéressée des sauvages ne durerait qu'autant qu'il serait en état de leur faire du bien et de les garantir de la vengeance d'une nation contre laquelle ils venaient de se déclarer si hautement. Il y a cependant assez d'apparence qu'il ignorait que les Espagnols fussent si près de lui ; et je trouve que nos historiens de ce temps-là supposent que la rivière des Dauphins ne fut habitée sous le nom de Saint-Augustin que quelques années après.

Mais le chevalier de Gourgues n'avait plus de provisions que ce qu'il lui en fallait pour retourner en France, et ce fut cette dernière considération qui lui fit prendre le parti de raser les trois forts qu'il venait de conquérir. Il envoya par mer dans ses vaisseaux, qu'il avait laissés dans la Seine, toute l'artillerie de ces trois places, et il s'y

rendit par terre avec tout son monde, après avoir
pris congé des sauvages ; qui paraissaient le voir
partir avec regret, et qu'il tâcha de consoler en
leur faisant espérer son retour. Tous ceux qu'il
rencontra sur sa route lui donnèrent les plus
grandes marques d'estime et d'amitié ; plusieurs
paraoustis, parmi lesquels Saturiova fut celui qui
se distingua le plus, lui jurèrent un attachement
éternel ; et le brave Olocotora, dont les pressentiments ne s'étaient pas trouvés justes, ne le quitta
point tandis qu'il fut en Floride, et fondit en lar-
mes en lui disant le dernier adieu.

Le 3 de mai, les trois navires mirent à la voile,
et le 6 de juin, jour de la Pentecôte, le chevalier
de Gourgues mouilla dans le port de la Rochelle,
après avoir essuyé de rudes tempêtes et souffert
beaucoup de la faim, parce que ses vivres avaient
été gâtés. Il perdit même sa patache, où il y avait
huit hommes ; et un de ses navires, qui s'était
séparé de lui à la hauteur de la Vermude, n'arriva
qu'un mois après. Son expédition ne lui avait
coûté que quelques soldats, et cinq gentilshommes
qu'il regretta beaucoup : l'un était de Saintonge,
et se nommait Pons ; les quatre autres étaient
Gascons, et avaient nom Antony de Limosni,
Bierre, Carreau et Gachie ; mais il s'en fallut peu
que lui-même ne trouvât dans le port quelque

chose de plus fâcheux que le naufrage qu'il venait d'éviter.

On l'avertit sous main de disparaître, s'il ne voulait pas être sacrifié au ressentiment du roi catholique, qui demandait avec hauteur sa tête, qu'il avait mise à prix, et qu'on ménageait alors beaucoup parce qu'on en attendait du secours contre les rebelles.

En effet, la reine-mère et la faction des princes lorrains se déclarèrent contre lui, et l'on proposa de lui faire son procès, pour avoir entrepris son expédition sans ordre. Il fut long-temps caché à Rouen chez le président de Marigny, et comme il s'en fallait beaucoup qu'il eût rapporté de la Floride de quoi acquitter les dettes qu'il avait contractées pour se mettre en état d'en chasser les Espagnols, il eût eu bien de la peine à trouver de quoi subsister, sans les secours que lui donnèrent ce magistrat et quelques-uns de ses anciens amis.

La reine Elisabeth, qui régnait alors en Angleterre, lui envoya, peu de temps après, faire des propositions très-avantageuses s'il voulait entrer à son service ; mais le roi, son maître, qui, dans le fond, avait été charmé de son action, lui ayant publiquement rendu ses bonnes grâces, il remercia cette princesse.

Enfin don Antoine lui offrit le commandement de la flotte qu'il armait pour soutenir son droit à la couronne de Portugal, dont le roi Philippe II s'était emparé. Il embrassa avec joie une si belle occasion de faire encore une fois la guerre aux Espagnols; mais, étant parti pour se rendre auprès du prince portugais, il tomba malade à Tours et y mourut, universellement regretté, et avec la réputation d'un des plus braves et des plus habiles capitaines de son siècle, aussi capable de commander une flotte qu'une armée de terre; digne sans doute des plus grands éloges, si le ressentiment de ses injures particulières ne fût entré pour rien dans la plus brillante action de sa vie, et si elle n'eût eu d'autre motif que son zèle pour l'honneur du nom français.

FIN.

LIMOGES. — IMPRIMERIE DE BARBOU FRÈRES.

www.ingramcontent.com/pod-product-compliance
Lightning Source LLC
Chambersburg PA
CBHW072036080426
42733CB00010B/1912